JN410576

그대로 삽시다

이 승 재

그대로 삽시다

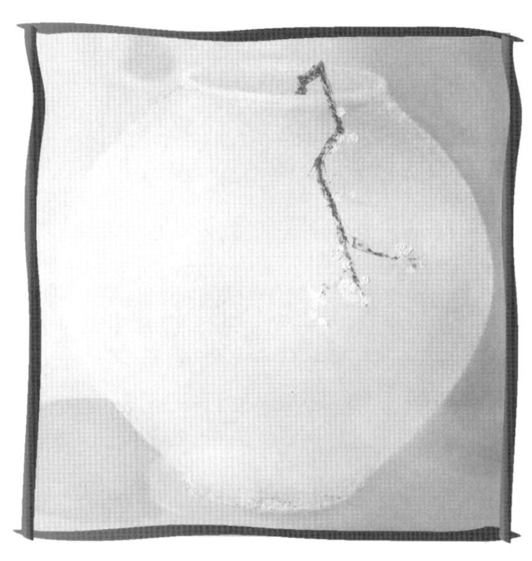

평화로
낮은 곳
고요
들어
사랑 그대

이승재 지음

법우사
BUBWOOSA

감사로

인간은 생로병사를 피할 수 없다. 인류가 지구에서 생활한 이래 인생 역정에 관한 고뇌는 함께 했다. 한 사람은 그에 합당한 인생의 짐을 진다. 인생은 희극으로 보일 뿐 실상은 비극이다는 격언처럼 인생은 그야말로 고난의 연속이다. 비극의 수레바퀴를 피할 도리가 없다. 저자의 인생 경험도 별반 다르지 않다.

사랑하는 자녀에게 슬픔과 고난으로 점철된 인생 경험을 모아 보여주려는 처음 의도는 포기했다. 독자의 시간을 도둑질할 내용은 과감하게 잘라냈다. 진솔한 이야기 속에 숨어 있는 보장해야 할 다른 인격체의 사생활은 가면을 써 진실로 표현했다.

경험은 중립적이다. 경험이 슬프다고 해서 필연적으로 아픈 감정으로 귀결될 이유는 없다. 고난에 끌려다니지 말고 그 고난을 관리하고 이끌어가자. 한 사람에 대한 이해를 넘어 세상을 바라보는 계기가 되길 바란다.

인생은 당신의 삶이고, 가치를 찾아가는 끊임없는 과정이다. 경험에 따르는 인간의 감정은 자신의 실존적 상태나 주변 여건에 영향을 받는다. 육체와 정신, 생각과 마음작용이 어울려 체험을 기억하기에 똑같은 체험 값을 가진 사람도 그 표현이나 결과치는 전혀 다를 수 있다. 추억은 가끔 삶을 여유 있게 음미하는 좋은 소재가 된다. 세상에 존재하지 않는 이를 추억하며 헛된 망상을 가끔 즐기자. 시간여행으로 추억을 돌이켜 현재를 선명하게 보게 된다. 시간이 지나 잊혀질 시점이 다가오면 인생의 성숙기에 접어든 것일 뿐 추억하지 않는다고 자책할 필요는 없다. 시간은 기쁨과 분노까지 모든 것들을 덮는다. 인간이 시간을 거슬러 추억하고 기억하는 건 시간의 허무함을 잠시라도 잊으려는 몸부림인지도 모른다.

경험의 씨앗을 선보이게 용기 주신 분이 있다. 남다른 교육철학과 사명감으로 사랑을 실천하시는 유기홍 국회교육위원장님의 따뜻한 리더십을 닮아 부끄럼을 깼다. 출판에 영감을 주신 현진권 국회도서관장님께 감사드린다. 소중한 숨은 멘토는 이야기의 주인공이다. 정성으로 담아주신 황영성 법우사 사장님께 진심으로 감사드린다. 멋진 편집으로 책의 품격을 높여준 출판사 관계자님께 고마움을 전한다. 세상 모두의 건강을 바란다.

사랑길

글 다리를 건널 주인공은 독자다. 글의 전개나 사례는 개인의 경험 명제라서 맞을 수도 있지만 바르지 않아 불편할지도 모른다. 지금 시대에는 맞지 않아 버려야 할 글도 숨어 있다. 매서운 눈으로 취사선택해야 한다. 취할 것은 취하고, 독자의 경험을 대입하며, 비판도 해보자. 자기 자신의 관점에서 재조명하자.

물건을 사러 마트를 들러보라. 그 마트의 특징이 있다. A 마트는 고기가 경쟁력이 있고, 가성비 좋은 가전제품을 전시하는 B 마트가 눈에 든다. 책도 마찬가지다. 목차는 지도다. 맑고 깨끗하게 살고 싶다는 우리 모두의 소망이다. 살면서 받기보다는 베풀기를 주로 하고, 남에게 피해 주지 않는 인생을 살고 싶다. 바라는 대로 살기가 어려운 인생이다. 특히나 남에게 피해를 주지 않고 깨끗하게 살아보겠다는 건 욕심에 가깝다. 인간 사회에서 함께 어울리지 않고 독야청청한들 얼마나 지속할 건가. 반백 년 지나고 젊은 날의 바램을 내려놓는다.

책은 일반인과의 소통방식이다. 요즘은 유튜브가 일반적이다. 책은 고전부터 내려오는 전통적인 방식이다. 전통을 고집하는 것은 생명력 때문이다. 유행가가 한때 흥하다 사라지는 것과 달리 고전은 시간을 견디고 이겨낸 결실이다. 기술의 변화에 적응하기란 쉬운 일이 아니다. 비디오테이프는 디지털시대에서 생명력이 없다. 기술이 매체를 규정한다. 책이란 가장 오래되고 안정된 소통방식이다. 시간과 비용의 한계를 인정하면서도, 아직은 책이 경험 명제들을 모아 소통하기에 적합한 매체다. 빅토르 위고가 간파했듯이 발간한 책은 그 자체의 생명력을 가진다.

철저하게 개인 경험을 기술하면서도 지독하게 독자의 시각에서 표현하려고 했다. 귀한 시간을 훔쳐 도피하지 않기 위해서 초안은 과감하게 난도질했으며 출판 시기도 충분히 늦췄다.

현대인은 철저하게 물질로 둘러싸인 성벽이다. 정신과 마음, 어둠과 죽음 이야기는 저 멀리 던져두고 사는데 값어치 없다 치부한다. 사람의 감수성은 물질문명이 가로막았다. 선한 마음을 추구하는 이에게 호구라는 프레임을 씌워 버렸다. 빛과 사는 이야기에만 오로지 골몰한다. 삶과 죽음, 빛과 어둠은 동전의 앞뒤와 같아서 늘 함께 붙어 다닌다. 설탕의 달콤함만을 취할 수는 없고, 숨은 부작용을 회피할 수도 없다.

시간과 공간을 사는 인간이 체험하는 시간은 물리적인 시간과는 다르다. 짧은 시간을 살아도 풍부한 인생 경험으로 충만한 사람이 있다. 긴 시간을 단조로움으로 채우는 이도 있다. 경험과 체험하는 센서인 당신 몸, 아바타는 훌륭한 체험기다. 천상의 신도 누리지 못할 희,노,애,락을 느끼고 인식한다.

저자의 경험, 지극히 개인의 추억 이야기를 만나면 당신 시간여행의 단추로 삼자.

목
차

제1부 감성편

사랑합시다

- 몽상가의 신기루

■

■

■

제2부 의지편

책임집시다

제3부 지성편
성찰합시다

■

■

■

더하기
짧은 글(aphorism)

제 1 부

감성편

사랑합시다

―몽상가의 신기루

엄마야!

엄마야! 얼마나 정감 있는 감탄사인가. 힘들거나 어려울 때 엄마를 부르는 건 본능에 가깝다. 태초의 고향이다. 10개월이나 안전하게 보호받아 성장하는 안락함이다. 발성의 처음이 엄마다.

새벽이 미처 열리기도 전 깜깜해서 밤이라 해도 믿겠다. 그 어둠을 헤쳐 4~5리 산을 넘는다. 호롱불 깜빡이는 저 집은 딸이 있는 시가다. 새벽같이 아침을 준비하랴 소죽 끓여 분주한 하루는 이미 시작되었다. 새벽이 열리면 어머니는 시집 생활하는 딸을 부른다.

'이실아' 다른 사람이 들을까 목소리는 낮았으나 우렁차다. 자식은 엄마 목소리에 대문 앞을 나선다. 문 앞에서도 누가 볼세라 만나고 헤어짐이 번갯불에 콩 볶는다. 손에 쥔 금품은 엄마의 정성이다. 장에서 마련한 귀한 사랑과 기회를 딸에게 고스란히 다 주고 돌아선다. 엄마의 귀갓길은 빈털터리 신세나 마음만은 뿌듯하니 세상 모두를 가졌다. 출가외인이라지만 시집간 딸을 하루도 잊은 적이 없다. 엄마가 시집살이를 혹독하게 했기에 딸의 일상을 알기 때문이다. 그 사랑을 받고 자란 딸이라 자식 사랑은 남다르다. 태생으로 익숙한 모성에, 생활에서 익혀 더하니, 엄마의 자식 사랑은 세월이 흘러도 커간다. 속절없는 세월은 시간을 타고 엄마가 된 딸이 할머니가 된

엄마를 모신다. 흰 눈이 내려 새하얀 머리를 맞대며 도란도란 정감을 나누는 모녀의 모습은 세상에서 찾은 천국이다. 모두 덮어버리는 시간이 두 사람의 사랑 앞에서는 굴복한 거다. 무상한 인생에서 변하지 않는 건 사랑이다.

후회하지 않으려면 생전에 한 번 더 봬야 한다. 어리석은 자식은 알고도 실천하지 않는다. 전화로 안부를 여쭙는다. 날씨가 추워지니까 마스크 쓰시고, 따뜻하게 하시라고 부탁드린다. 들려오는 메아리는 우리 걱정하지 말고 건강하게 잘 지내라는 말씀에 사랑이 듬뿍 묻어 눈물샘을 자극한다. 언제나 어디서나 자식 걱정이다. 자식은 틈나면 뿌리칠 궁리다. 이런저런 핑계와 이유를 대며 짐짝 취급이다. 짐에 이익이 되는 재물이라도 묻어 있을라치면 그 달콤한 물건 빼먹으려 또 혈안이다. 아 진정 그대는 인생을 아는가. 세월 앞에 속절없이 무너지는 인생이 가엽지도 않은가 말이다. 당신이 그런 것처럼 엄마도 어느덧 찾아온 노년이 그런 거다. 병이 오고 움직이지 못하니 사랑의 연료가 충분해야 한다.

이번 명절에는 힘들게 살아 인생에 지친 엄마를 찾자. 당신의 따뜻한 손으로 엄마에게 온기를 드리자. 어깨도 주물러 드리자. 때를 놓친 사랑은 사무치는 후회가 된다. 엄마 사랑은 아껴두지 말고 사용하자.

사람, 사랑 그리고 삶

인간은 언어를 사용하며, 도구를 만들어 활용하는 사회적 동물이다. 인간은 동물에 속한다. 동물은 자연의 생명체이다. 식물은 나서 자라고 생명을 마칠 때까지 한곳에 머문다. 뿌리를 깊게 내려 땅에 있는 자양분으로 먹잇감을 삼는다. 동물은 먹이를 찾아 이곳저곳 다닌다. 움직임은 동물이 가진 속성 중의 하나다. 인간은 언어를 사용하고, 도구를 활용하며, 무리를 지어 사회를 만들어 생활하므로 여타 동물과 다르다. 군집 생활이야 원숭이도 하고 있고, 말하는 기능이라면 동물도 기본은 한다. 고급 언어를 사용하면서 인간이 생활하는 사회의 구조와 기능이 동물과 비교할 수 없을 만큼 정교하다.

스웨덴에서는 자식이 공감 능력을 표현하는 모습에 부모가 감동한다. 수학 문제 하나 더 빨리 정확하게 풀어내고 영어문장 능숙하게 표현할 때 부모로서 기뻐하는 우리네 모습과는 사뭇 다르다. 그렇다. 공감 능력이 있는 인간은 세련된 사회를 운영한다.

빅데이터와 컴퓨터 인공지능이 앞으로 미래사회 발전의 원동력이 될진대 노동이라는 생산요소가 위축되고 사라질지도 모른다. 컴퓨터 디지털 기술이 발전하면 할수록 인간만이 가진 인간성은 더 중요하게 대우받을 것이다. 컴퓨터와 정보통신시스템을 전공한 교수도 시스템에서 인간을 중심에 둔다. 이용자인 사람의 요구나 선호를 읽고 그 필요에 맞춰 정보시스템을 설계해야 한다.

동양은 전통적으로 인간은 지적인 존재, 정적인 존재, 의적인 존재로 파악했다. 감정과 느낌, 지식, 의지로 복합된 인간의 정신세계는 외부의 환경과 인간 내면의 연결 관계에 따라 다양한 모습으로 표현한다. 얼굴이 다른 만큼 생각과 느낌 그리고 의지는 각자의 모습만큼 다양하다. 한 사람을 이해한다는 건 거의 불가능에 가깝다. 세상의 모습과 이해는 인식하는 사람이 믿고 자신이 그린 형상에 따라 결정된다. 인구만큼의 세상이 존재하는지도 모른다. 인간의 공감 능력은 이처럼 인간의 실존적 한계를 극복하는 유일한 자원이다. 공감 능력이 있어 상대가 처한 실존적 현실을 느껴 그 사람의 처지에서 바라보고 위로한다. 공감 능력은 인간이 사회를 구성하고 상호 의사소통을 가능하게 하는 핵심 요소다. 공감은 상대방을 존중하고 인정하는 마음에서 분출한다. 상대방을 통제하지 않고 자신의 잣대로 상대방을 평가하지 않는다. 모습 그대로를 인정하고 상대의 감정과 경험 그리고 의지를 인정하고 존중한다. 공감을 받으면 엄마의 품속에서 평안하게 잠든 것과 같다. 용기와 희망 그리고 인정을 먹고 자존감을 높여 사는데 외롭지도 않고 당당해진다.

인문학을 공부하면 다양한 사람의 실존적인 인간한계를 체험해 세상과 사람에 대해 존중하고 관용하는 마음을 키운다. 젊은 시절은 자아를 발견하고 자아를 형성하는 시기였다면, 성인은 자아를 성숙시켜 상대방을 포용한다. 어른은 생물학적 나이를 높여 시간이 지나면 저절로 도달하게 되는 목적지가 아니다. 어른의 격이 있다. 그 격에 딱 맞아야 이름에 알맞게 모습을 갖추게 된다. 사람을 존중하는 마음에서 공감은 자란다. 고귀함을 깨쳐 존중의 마음을 회복한다. 상대는 누군가에게는 없어서는 안 될 소중한 존재이며, 세상에

나는데 인내의 시간과 정성을 아끼지 않은 부모가 있어 귀한 존재다. 함부로 대할 권리는 아무에게도 없다. 한 사람은 그만큼 소중하고 비교할 수 없는 절대적인 존재다.

언어, 도구, 사회의 인간이 인간답다는 속성은 사랑일 거다. 몇 년 전 세상을 떠나기 전 귀에 대고 속삭인 말, 사랑은 세상을 떠나가면서 듣고 싶은 단어다. 귀에 사랑한다고 속삭여주라 권했지만, 입에서만 맴돌고 그쳤다. 익숙해진다는 것, 습관으로 행한다는 건 꾸준한 연습이 따라야 한다. 그 이후 사랑은 입버릇에 담는 단어가 되었다. 죄책감을 씻어내려는 것인지, 사랑을 외치고 늘 입버릇처럼 달고 다니다 문득 '사랑'의 뜻에 관해 호기심이 생겼다. 사랑은 생각사, 사내 랑, 이성을 생각하는 마음이 사랑이라는 의미다. 한자로는 사랑 애를 사용한다. 마음 심자가 포함되어 있으니 마음작용의 하나로 이해한다. '마음 심'을 빼면 '받을 수'가 되는데, 물건을 주기도 받기도 하는데 마음이 담겨 있으면 '사랑 애'가 된다. 손과 마음 그리고 물건이 함께 어우러져 사랑 애 한자어를 구성한다.

사랑은 모든 대상에 적용이 가능한 만능 단어다. 강아지를 사랑해도 좋고, 국가와 민족을 사랑해도 좋다. 인류와 지구를 사랑한대도 아무런 문제가 없다. 사랑은 만병통치에 가깝다. 누구든지, 누구라도, 그 어떤 물건이라도 사랑한다고 문제될 것이 없다. 그만큼 사랑을 정의하기란 쉽지 않다. 감기에 특효약은 감기약이라 이름하고, 관절이 아플 때 효과 좋은 약은 관절약이라 부르면 간단한데, 이 사랑 약은 어디에도 붙일 수 있으니 그야말로 만병통치약이라 불러도 어색하지 않다.

에릭 프롬이 사랑의 기술이라는 책에서 소개한 대로 부성애, 형제애, 우정이라 칭한다. 이처럼 다양한 여러 차원으로 보인다. 사랑 애의 한자어를 살펴보면 손과 울타리의 형상이 있다. 사랑은 울타리로 보호한다, 따뜻한 손을 내밀거나 손으로 뭔가를 준다는 의미를 포함한다. 사랑하는 사람이 사랑하는 대상을 자신의 마음에 품어 늘 생각하고 그리워하며 보호해주려는 마음 작용이 사랑이 가진 속성이다. 사랑을 표현하는 방식은 사람마다 다르다. 사랑한다고 졸졸 쫓아 그 정도가 심해 스토커로 보이는 사람, 사랑하기에 몰래 떠나가는 사람, 사랑하기에 존경하고 배려하는 사람 각양각색이다.

동양의 관점에서는 사랑도 중용의 도를 지켜야 한다. 적정한 존경과 배려가 사랑을 잘하는 기법이다. 너무 극단으로 치우치지 않고 중용지도의 지혜를 배워야 한다. 사랑의 말과 행동 그리고 사랑하는 방법을 배워 익혀야 한다. 잘못 표현한 사랑은 상대방을 당혹케 하거나 불편하게 만든다. 그렇다고 과외수업 받으란 의미는 아니다. 가족 사랑이 그 출발이요 종착지다. 가화만사성, 수신제가치국평천하 모두 가정의 화목이 사회생활의 첫출발임을 의미한다.

인간 사회의 가장 기초 구성단위는 가정이다. 육신을 받는 지점이 가정이고 유아기와 어린 시절을 거치면서 많은 시간과 같은 공간을 가족 구성원과 함께 경험한다. 가족 구성원이 인식하는 세계관은, 시간과 공간을 공유하기에, 가깝거나 비슷할 개연성이 높다. 서로 비슷한 세계관을 지닌 가족 구성원들 간에는 공감하기 쉽다. 영어로 사랑은 LOVE로 표현한다. 고대 그리스인들은 사랑을 다차원으로 구분했다. 에로스(EROS)는 육체적인 로맨틱한 사랑을, 아가페(AGAPE)는 바라지 않는 조건 없는 이타적인 사랑을, 필리아(PHILIA)는 우정을 의미한다. 사랑의 여러 모습을 서로 다른 단어로 표현을 달리했다. 그만큼 사랑에 관해 정의하고, 보편적 의미의 사랑 개념보다는 사랑의 특수성에 관심이 많았다는 반증이다.

고대에서 현대로 넘어오면서 사랑이라는 한 단어로 사랑의 모습을 포섭해온 것은 사랑의 보편성과 개념 정의의 광의성, 결국 사랑

을 한마디로 정의하기 어렵다는 인식이 확산된 결과다. 사랑의 다의성과 정의하기 어렵다는 점은 사랑을 각자 다양한 관점에서 자기 방식으로 인식하게 되었다. 사랑은 개념의 보따리다. 사람들이 저마다 정의하는 사랑 뜻을 모두 묶어 공통점을 찾아보자. 사랑은 마음작용이다. 항상 기억하고 그리워하는 작용이다. 사랑이 마음 작용이라 하지만, 뇌 과학의 관점에서는 뇌의 신경화학물질과 관련된 정신작용으로 파악한다.

유튜브에서 귀한 강좌를 너무 쉽게 접할 수 있어 그 소중함을 쉬이 잊기도 한다. 심장을 이식받았다고 자신을 밝힌다. 죽음 앞에서 천운으로 심장을 받아 다시 삶을 살게 되면서 시간과 인생에서의 감사와 고마움 그리고 나눔에 대한 나름의 철학을 가진다. 철학이나 인성이란 변화하지 않는 속성이 있다. 죽음의 문턱에서 숨이 멎는 경험을 한 이후에야 인성도 변하고 생각도 달라진다. 그만큼 죽지 않고서는 새 삶을 살 수 없는 존재다. 집착과 욕심 그리고 허위의식들은 인간을 꽁꽁 매듭지어서 한발도 나갈 수 없게 만드는 장치다.

자유롭고 평화롭게 인생을 누린다는 건 신의 영역에 가깝다. 인간은 좌절하고 투쟁하고 싸우며 질투하고 온갖 세상의 불쾌함을 똥구덩이에 빠뜨려서라도 누르고 이기고 자신만을 살려는 몸짓으로 이기적으로 살아간다. 무의식에서의 이기심이 가식과 외양을 지배한다. 무의식을 이기는 방법은 지금까지 깨친 방법으로는 무한 작은 모습으로 가장 낮은 지점에서 점보다 적은 비중으로 나를 소멸시키는 거다. 정신세계에서 자신을 없애는 시도를 한다. 배꼽 및 아주 작은 점이 되어 우주의 가장 아래 끝에 그 끝의 아래에 위치하도록, 자연의 모든 사물을 높이고 자신을 가장 아래 위치한다. 평화와 안정감이 밀물의 파도처럼 다가와 몸을 둘러 감싼다. 살아있음은 누군가에게 자연의 그 무엇에게 베풀어서 존재가 가치 있다 인정받고 싶은 거다. 병약해지고 모든 것에서 떨어져 우주의 미아가 되어 한 티끌에 불과한 존재가 된다. 그러한 두려움 때문일까. 마음의 선물을 드리고 싶고, 작은 선물을 드리고 싶고, 자신에게도 마찬가지다. 물건을 구입하는데 지불하는 돈은 부차적이다. 돈은 사람과 자연이 만나는 수단에 지나지 않는다. 물건을 구입하는 과정에는 많은 사람이 관계 맺는다. 택배 아저씨, 물건 판매자 등 많은 분들이 그 돈이라는데 연결되어 나와 인연의 끈이 만들어지는 거다. 인연을 적은 돈을 통해 맺게 되는 거다. 돈을 잃게 되는 것보다 더 많은 인간의 숨결과 사람의 냄새를 맡을 수 있으니 좋다. 그러고 보면 현대사회에서 돈은 강한 거다. 돈으로 이렇게 사람의 관계까지도 느낄 수 있으니 말이다.

언제부터인가 건강이 노년을 향해 달린다고 느낄 때 쯤, 실행의 철학을 가진다. 생각에서 머물지 않고 발원되면 실행해서 체험하고 그 경험이 오롯이 생에서 느낄 수 있는 축복이라 생각한다. 젊은 시절에는 주저하고 행동하는데 갈등했다면 이제는 시원하게 행동하고 실행하면서 온 우주를 느끼게 된다. 선물하기도 주저하다가 결국에는 접는 경우가 왕왕 있었지만, 이제는 아니다. 가능하면 지른다. 이전에는 가격을 비교하면서 이런저런 염려로 한참을 걸려도 이제는 신속하다. 드라이브로 귀가하는 길에도 뿌듯하다. 자초지종을 소개하고 마음을 표하니 마음이 서로 좋다. 존경과 감사의 마음은 그 전파력이 같다. 선한 마음으로 표현하면 그 마음이 더 크게 증폭한다. 물론 인생사에 과유불급이라 너무 지나치면 모자람만도 못하니 항상 유념해야 한다.

죽음에의 생각·자각·인식이 삶을 충만케 하는 욕구를 증폭시키기도 한다. 죽음이 삶을 덮어버리기도 한다. 인간의 작은 선택의 차이가 결과를 크게 달리한다. 마음먹기 나름이라지만 마음 고쳐먹기

란 쉽지 않다. 죽음의 문턱에 도달해본 사람만이 마음을 고쳐먹기도 한다. 물론 죽음이 멀어지고 새 삶이 전개된다면 인간은 그 죽음에의 기억마저도 희미하게 망각하고 만다. 이기적이고 자기만을 세상의 중심으로 생각하는 예전의 모습으로 돌아가기 쉽다. 죽음 앞에서 소망은 사랑한다고 이야기 한마디 못한 후회가 남았단다. 사랑하고 좋아하며 감사를 그냥 묻어두고 표현하지 않고 지낸다. 그 시간을 가장 후회 한다. 고마워 감사하고 사랑하는 마음을 때때로 표현하자. 사랑해 한마디 하고 싶고 사랑을 품고 떠나고 싶다. 나머지는 다 부차적이다.

사랑은 '살아'의 의미도 있다. 인간관계에 침투한 사랑은 다양한 모습이지만 통상은 이성의 사랑을 주로 연상하기에 가족에게 사랑한다는 이야기를 쑥스러워한다. 부모님께 사랑한다고 쉽게 꺼내지 못하는 속 깊은 이유는 에로스적 사랑이 삶에 강하게 채색된 때문인지도 모른다. 사랑은 이성의 에로스적인 사랑만을 의미하는 것이 아님이 자명하다. 사랑은 제한된 의미가 아니라 우주적이고 넓고 그 확장성이 매우 크다. 사랑의 개념을 쉽게 정의할 수 있다면 사랑 철학도 깊게 정립되었다고 하겠다.

사랑 없이는 한순간도 살아 숨쉬기 어려운데도 그 사랑을 정의할 수 없음은 인생 모두를 정리하는 글을 쓰기 너무 막막하다는 것과 동일하다. 인생을 글로 충분히 묘사할 수 있을 그때 사랑도 그대로 표현할 수 있다. 인생이 사랑이기 때문이다. 사랑은 사람을 추앙하는 느낌, 사랑은 삶을 풀어헤친 느낌, 사람이 서로 존중하면서 살아가는 그것을 사랑이라는 단어가 함축하는 의미가 아닐까. 사람의 삶을 추앙하고 받드는 것을 사랑이라고 정의한다. 단어적인 의미에서. 사랑은 삶과 직결된다. 사랑이라는 단어를 우리가 더 쉽게 말하려면 우리의 사랑 인식의 전환이 요구된다. 에로스적인 이성의 사랑을 전제로 한 사랑의 개념에서 더 넓고 인생과 사랑이라는 단어 자체가 가진 의미에 충실해야 한다. 삶과 인생 그리고 사랑이 함께 어우러진 삶 그 자체를 사랑이라 말하겠다.

사랑한다는 말은 사람을 추앙하고 존경하면서 살라는 의미다. 사람을 추앙하고 존중하고 살아라. 우주 삼라만상을 존중하고 귀하게 여겨 살아가노라면 사랑이 그대로 실천되는 거다. 부모님의 사랑과 자식형제 간의 사랑, 부부의 사랑, 친구의 사랑도 우주의 삼라만상을 귀하고 존중하면서 살아가는 모두를 포함한다. 죽지 말고 살아라. 사는 동안은 절대로 삶을 포기하지 마라. 사랑이다. 사랑은 '살앙'이다. 살아랑이다. 살아야 한다. 생물은 살아야 한다. 살기 위해서 그 처절한 몸부림을 치고 있는 거다. 살기 위해서 우주의 생물도 서로 죽고 죽인다. 살기 위해서 야생동물이 서로 잡아먹고 먹히는 광경을 잔인하다고 하지 않는다. 살기 위한 거라면 어쩌면 우주는 면책을 주는지 모른다. 살기 위한 목적이 아니라 그냥 습관적으로 살아있는 동식물을 마구 잡아들이는 건 죄악이다. 그렇다. 꼭 필요한 만큼, 죽지 않을 만큼, 살아가는데 아주 필수적인 만큼은 우주에 쓰레기를 만드는 행위라도 면책이 된다. 풍요의 시대 쓰레기가 넘쳐나는 시대, 사랑이 죽은 시대다. 사랑한다면 절약하고 아끼고 베풀고 최소한만 유지하는 만큼만 가지고 나머지는 모두 우주로 환원해야 한다.

사랑이란 인간 존중이다. 내가 소중한 만큼 삼라만상도 소중하고 귀하게 존중해야 한다. 물 한 방울, 공기 한줌, 흙 한줌, 소중하지 않은 게 없다. 사랑하지 않을 수 없다. 모두가 다 사랑이다. 사랑한다. 존중한다. 귀하다. 아낀다. 대접한다.

가 족

인생길에 가족이 있어 든든하다. 가족사랑은 본능에 가깝다. 서로 존중하고 사랑하는 가정에는 웃음꽃이 핀다. 평화롭다. 바라만 봐도 좋다. 가정은 더없이 소중하다. 직장과 외부활동에 많은 시간을 쓰는 현대인은 가정의 소중함을 인식하지 못한다. 인생의 성공과 실패가 직장에 있다고 믿는다. 승진과 높은 평점에 열정을 다한다. 집에 돌아오면 파김치가 된다. 가정에서의 역할은 잊어버리기 일쑤다. 힘들어 지친 일상에 대한 변명이다. 가족은 이런 모습을 이해해줄 거라 아니 이해해줘야 한다고 간주한다. 젊음을 바쳐 중장년이 되어 사회에서 그럴싸한 지위에 오르기도 한다. 직위가 올라갈수록 더 높은 지위에 오르고 싶은 갈증은 더 커진다. 마치 한여름에 청량음료를 마시면 갈증을 더 느끼는 것과 같은 이치다. 한낮에는 물을 마셔 갈증을 해소해야 하는데, 맛없는 물보다는 달고 콱 쏘는 음료를 즐겨 한다. 음료가 물보다 더 넘치는 세상이니 구하기도 쉽다.

가정은 물과 같다. 맛은 없어도 인간에게는 꼭 필요한 산소와 같다. 깨끗한 물이 건강에도 좋다. 가정도 마찬가지다. 순수하고 깨끗한 가정에는 순결한 당신이 있어야 한다. 그대 없는 가정은 존재하지 않는다. 사회에 열정을 다 바치고 귀가한 당신의 쉼터다. 쉼이 있는 공간은 사랑과 책임 있는 가족 구성원이 창조한다. 구성원이 모두 쉼에만 치중한다면 그 가정에는 쉼이 없다. 가정에 충실한 당신은 휴식과 안락함을 누릴 자격이 있다.

결혼은 가족의 출발지점이다. 서로 사랑하고 좋아 결혼으로 가정을 꾸린다. 그 가정에 믿음과 존중이 함께 해야 한다. 좋아하는 감정도 무상하다. 좋은 감정도 녹슬지 않게 자주 닦자. 연애하면서 주의 깊게 살펴보라. 상대의 습관을 평가할 때는 사랑을 잠시 내려놓자. 그 사람이 타인을 대하는 태도를 유심히 관찰해야 한다. 사람을 구분지어 차별하는 사람은 주의하자. 사람의 직업이나 재산으로 응대함에 차이를 두는 사람은 잠재된 폭력 성향이 있을지도 모른다. 결혼해서 소중한 가정에서 폭력이 난무하는 사례도 있다. 사랑의 잘못된 표현인지, 미움의 발산인지는 모른다. 어쨌든 가정에서 책임을 다하지는 못할지언정 폭력으로 얼룩지게 한다면 그 가정은 불행하다. 육체적인 폭력과 언어적인 폭력이 다르지 않다. 폭력으로 인간 존중을 발견하기 어렵다. 가정에서 때리고 맞는 행위는 그 어떤 정당성도 찾기 어렵다. 만나지 말았어야 하는 인생 비극이다. 좀처럼 그 잘못된 행위는 고쳐먹질 않는다. 한 번 잘못된 행위는 반복된 잘못을 하는 출발신호에 불과하다. 옳지 못한 행동은 하지 말아야 한다. 한 번 한다면 그 싹을 그 한 번에 잘라 없애야 한다. 작은 잘못은 인체의 병과 같다. 작은 병도 방치하면 어느새 큰 병이 되어 관리하기 어렵다. 댐의 작은 구멍이 종국에는 댐을 무너뜨리는 결과를 초래한다. 가정에서 바람직하지 않은 씨앗이나 징조가 발견된다면 신속하게 조치하라. 뿌리를 뽑아야 한다.

나이 60이 넘어서도, 성장한 자식들이 출가한 이후에도, 눈 밑에 크게 자리 잡은 푸른색 점을 감추는 인생을 살지 말자. 창피하고 부끄러운 줄 알아라. 오죽 못났으면 인생 동반자를 그렇게 구박하는가

말이다. 사랑에 책임을 아는 사람이라면 상상도 할 수 없는 추잡한 일이다. 서로 존중하고 살아도 짧은 인생이다. 그렇게 불만이 가득하면 자신을 한 번 돌아 성찰하라. 사회에서 실패한 인생, 집에서 화풀이 하진 말자. 업무를 함께 하는 동료를 선택하는 나만의 기준이다. 가정에 충실한 직원은 직장생활도 지혜롭다.

수 년 전의 일화다. 아침에 일찍 출근하는 난 한 동료의 전화 목소리를 듣는다. 그 날 이후 매일 아침 시간에 듣는 전화 목소리는 참 정감이 간다. 홀로 사시는 어머님께 안부 전화를 드리는 직원의 목소리는 그렇게 따뜻하다. 가끔은 화이트라이(white lie)도 하더라. 당시에는 저녁 늦게 회식도 하고 술도 새벽까지 마시던 때다. 늦게까지 술친구 만나느라 아침 해장도 못해도, 늦어 사무실에서 쪽잠을 자고 난 아침에도, 전화 목소리는 힘 있고 집에서 아침 잘 먹고 출근한 직장인이다. 어머님의 걱정과 근심을 덜어드리려는 배려다. 거짓말쟁이라 빈정거릴 수 없다. 조직생활에서 그가 상사나 동료들에게 대하는 모습은 어머님께 전화 드릴 때를 연상하게 한다. 어머님께 대하듯 그 사람의 응대를 받은 주변 사람들은 한결같아 그와 함께 일하기를 선호한다. 실력과 인성이 좋은 직원은 금상첨화다. 인성이 좋은데 실력이 조금 부족한 직원은 그 실력을 채워주고 싶다. 인성이 바르지 못한 직원이 실력까지도 갖추지 못한다면 최악이다. 그 사람과 팀이 되어 일하고 싶지 않을 거다. 인연도 이렇듯 사람의 인성에 좌우된다.

사랑하는 가족의 품에서 배운 멋진 인성으로 세상을 안아라. 인성 좋은 당신은 꽃이다. 벌꿀을 만드는 벌들이 당신을 찾아 입맞춤하러 온다. 좋은 향기와 아름다운 꽃들과 달콤한 꿀맛을 보게 될 것이다. 좋은 인연을 맺고 싶은가. 그 열쇠는 바로 당신이 쥐고 있다.

첫사랑

지구별에서 만난 가장 소중한 이를 위한 마음의 표현이다. 글로 표현하기 힘든 감정이나 느낌도 가능한 한 자세하게 기록하고자 한다. 사랑으로 존재하는 이유다. 만날 날은 1987.7.1. 15시 03분 서면 커피숍에서. 그날은 무척이나 더웠고 파인주스를, 같거나 아니면 오렌지주스를 시켰는지 정확하진 않다. 워낙에 커피를 좋아해도 그날은 덥기도 했고 같은 음료를 마시고 싶었다. 그날 오후 5시 30분 조금 지난, 기억은 34분경으로 기억한다. 커피숍 길 건너 버스 정류장에서 버스에 승차하기 직전, 첫 만남에는 식사하는 게 아니라며 첫 만남에 마침표를 찍기도 했지. 비가 갑자기 내리니 호랑이가 장가가는 날인데. 그날이 호랑이가 사랑에 푹 빠진 날이라 날씨가 시사를 준 듯도 하다. 우산을 친구에게 뺏다시피 쥐어 손에 준다. 마치 우산을 받기 위한 다음 데이트 신청이다. 전화번호도 확인했다. 잘 도착했는지를 확인하겠다며. 이성에게 전화번호 묻기는 처음이다. 무슨 조화인지 그날 친구와 친구네로 갔다. 친구 집에 도착해서 바로 전화했다. 안부를 확인하고는 안심하고 친구 세 명이 둘지도 모르는 바둑을 두면서 그날은 저녁 늦게까지 놀았다.

때는 미팅이나 소개팅이 유행하던 시기다. 워낙에 이성의 만남을

꺼려 소개받기를 즐겨하지 않았다. 그 흔한 디스코텍도 들어만 봤을 뿐 가보진 않았다. 그래도 고3 연합고사를 마치고 미팅을 했다. 1983년도에 연합고사(지금의 수능과 같은)를 치루고, 지금도 마찬가지지만 대학입학시험이 종료된 고3 교실은 성적을 기다리는 긴장감과 초조함에 시험 탈출구로서의 해방감이 오묘하게 뒤엉켜 동물원의 원숭이가 느끼는 자유로움을 충분히 만끽하고 있을 때다. 그 허용된 일탈의 자유로움의 하나가 소위 반팅이다.

학교재단이 같은 남고와 여고가 만남을 한다. 같은 반 학생들이 번호로 상대방을 정하는 방식이다. 원시적인데도 나름은 합리적이다. 다수의 학생 선호를 반영하기 쉽지 않고, 미팅이라는 시스템을 작동하게 해주는 중요한 규칙이 단 하나로 같은 학년, 반, 번호라는 인연이다. 한 반 학생을 동시에 수용하게 되면 결국 두 개 반이 되니까 엄청나다. 그래서 10명씩 쪼개어서 1번부터 10번은 남포동의 어느 가게, 11번부터 20번은 대신동에 있는 어느 곳 이런 식으로 장소를 배정한다. 시간은 토요일 오후 두 세 시쯤으로 기억한다. 장소는 대신동 책방골목이 가까운 빵집이었다. 빵집 이름은 학생들 사이에서 제법 알려진 유명한 제과점이었는데, 처음이라 생소한 집이다. 학교와 집만 쳇바퀴 도는 인생이어서 고향의 지리도 당시에는 잘 알지 못했다. 호기심이 많고 배움을 좋아하는데 미팅을 꺼리는 이유는 아마도 무의식이 작용했을 것으로 본다. 지금도 그렇지만 만남을 넓게 보다는 깊게 하는 편이다. 한 사람을 만나는 것은 우주를 직면하는 것이므로 함부로 만남과 이별을 쉬이 원하지 않는다. 인연이 아니라면 맺지 않는 타입이다. 물론 사람의 인연이 원하는 대로 성사되는 것은 아니지만. 인연을 소중하게 생각한다. 사랑은 책임이다. 인연을 함부로 맺지 않는 마음 깊은 곳에는 만난 사람을 책임져야 한다는 강박감이 자리했다. 만나는 상대방의 생각이나 마음을 어찌 알 수 있으며 또한 그 사람의 선택을 좌지우지할 수 있단 말인가. 인격체는 그 자체로 완전하다. 각자 자기의 길을 가는 게 정답이다.

책임을 너무 앞세웠던 젊은 시절의 생각은 여전하다. 다른 사람에 대한 책임까지도 감수하려는 젊은 날의 생각은 많이 희석된 상태다. 책임은 가슴에 깊게 새겨 행동과 생각에 크게 영향을 미치고 있다. 미팅이나 사교에 노력을 기울이지 않은 이유는 책임이라는 단어와 밀접하게 관련된다. 아무리 사소한 만남이라도 만남의 미래를 본다. 지금 이 사람과 오랜 시간 사귀게 되는 인연이 지속하면 종착역은 이별임임을 본능적으로 감지했던 거다. 이별을 위한 만남을 유지해야 할 필요가 있는지 아니 그런 만남은 시작을 말아야 한다고 선을 그었다. 만나서 헤어지더라도 그 짧은 만남에도 배움이 숨어 있는데 헤어짐을 그렇게도 두려워했다. 헤어진다는 것에 익숙하지 않았다. 그러고 보면 안정감 내지는 현상 유지의 성향이 강한 듯하다. 생각이나 행동은 개방과 창의성을 지향하면서도 일부 특정한 사안에 대하여는 고집스러울 정도로 집착하는 성향이 강하다. 어릴 때는 더욱 더 그런 성향이 있었다. 미성숙의 인격과 어린 마음에 알 수 없는 두려움이 그 원인이 된 듯하다. 막내로 자라 모유를 6살까지 먹었던 기억이 있다. 동생이 없었으므로 독차지 할 수 있었다. 통상 2살 전후면 모유를 끊었지만 모유를 계속 달라고 보챘고 맛있게 느껴졌다. 달달한 맛이다. 어릴 때 단맛을 무척이나 좋아했다. 고소한 맛도 좋아했는지 원기소라고 어린이 비타민제인데 그 맛이 좋아서 하루에 몇 알을 먹었다. 연탄불에 설탕 녹여서, 생긴 대로 똥과자를 만들어 단맛을 즐겨했고, 갈분가루를 데워서 잼을 만들어 먹던 기억이 새롭다. 모유 끊기가 쉽지 않자 드디어 가슴에 약을 발랐다. 한참을 밖에서 뛰어놀다가 엄마 젖하고 달려와서 배를 채우려 하니 아니 이게 쓴맛이 예사롭지가 않다. 바로 바가지에 물로 씻는다. 오렌지색 플

라스틱인데 연탄불에 그을려서 모양은 구겨졌으나 바가지로 사용하기에 문제없다. 마음먹은 일은 꼭 하고야 마는 의지는 이때도 어김없이 발휘했다. 고집과 책임감이 합해 미팅은 헤어짐의 시작이므로 별 흥밋거리가 되진 못했다. 젊은 날에 호기심 많은 어린아이가 다른 인격체를 만나 그 인격체를 알아가고 싶다는 생각마저도 없지는 않았을 터이므로 겉과 속이 다른 갈등이 잠재되어 있었던 거다. 알고 싶고 깊게 사귀고 싶은 마음은 꿀떡 같으나 헤어짐이란 명제 앞에서 만남을 주저하고 있었다. 헤어짐이 없는 만남이 가능하다면 청춘의 고뇌는 쉽게 풀릴 명제다. 왜 만남에는 헤어짐을 당연하다고 생각했던 것일까. 철학적으로 살펴보면 '만남이 헤어짐이다'는 명제는 타당하다. 그렇지만 젊은 날 헤어짐이 두려워 만남을 멀리하는 건 어쩌면 비현실적이고 비합리적이다. 좋은 감정이 들면 그 감정에 충실하고 그 감정이 시들해지면 또 그에 충실하자. 인생의 체험과 배움의 길은 충분하다. 만남에 대한 강박증은 헤어짐이 필연이라는 데 있었다. 무의식의 세계에서는 만남에 대한 공포가 싹트고 있었다.

꼴은 가난하고 이성이 봤을 때 경제적으로 매력이 없다. 젊은 시절 외모는 하얀 피부에 얼굴도 주름살하나 없고, 입술은 꽤나 붉었고 옷 걸침은 나름 메이커를 입고 다녔다. 학교도 비싼 대학 재학생이니 그야말로 표리부동이다. 외형과 내면의 큰 차이로 갈등의 골은 깊어만 간다. 부족한 경제 상황을 공연히 알릴 필요도 없었고 알량한 자존심이 용납하지도 않았다. 용돈도 특히나 넉넉하고 충분하게 받았기에 씀씀이도 낭비하지 않으나 그렇게 빈곤한 티는 하나도 찾을 수 없었다. 좋아하는 감정이 깊어져서 사랑으로 변하고 그 사랑을 지켜야 하는 순간이 다가오면 상대방은 더 많이 더 정확하게 모든 걸 알고 싶고 알게 될 것이다. 그 때 가난이라는 변수는 사랑을 넘어서지 못할 만큼 큰 벽으로 다가올 것이라 확신했던 거다. 실망하며 상처받고 돌아설 영혼을 생각하면 그 모습을 보면서 느껴야 하는 또 다른 상처와 배신감은 만남을 시작하지 않기에 충분한 주의 요소가 되었다.

당시에는 민주화를 향한 열정으로 사회가 들끓던 시대다. 특히나 대학가는 그 열기가 더했다. 눈물 없이는 학교 정문을 지날 수가 없었다. 수업은 휴강으로 정지되는 날이 다반사다. 어지럽고 혼란한 분위기에도 모교의 총장님의 버팀과 물러남에서 세상의 때를 묻지 않은 모습에 학생들은 존경과 응원을 함께 보냈다.

젊은 날 분출되지 못한 고뇌는 대학 졸업이 임박하면서 새로운 차원으로 변한다. 공부를 계속 이어나갈 것인지 아니면 취업 전선에 뛰어들 것인지를 선택하는 갈림길이다. 사회의 가치들이 다양성보다는 일부 가치들에 집중되어 있고, 권력 가치가 다른 사회 가치들을 제압하는 실정이라 고위 공직으로의 진출은 경제적인 부나 명예들도 함께 따르는 경향이 있었다. 책을 좋아하고 공부하는 게 취미였다. 아니 할 줄 아는 게 그것뿐이다. 즐긴다고 할까 유일하게 세상에서 재미있는 것이 공부다. 공부를 그만큼 취미로 할 정도니까 프로의식을 가지고 점수 올리는 그런 공부가 아니라 그냥 책 들고 도서관에서 즐겁게 이론 공부를 하면서 가끔 120원짜리 자판기 믹스 커피를 마시는 일상이 가장 좋아했던 젊은 날의 일상이다. 전공과목은 꼭 희망했었던 곳인지 정확하지 않다. 고3 연합고사를 마치고 가채점 결과는 OO대를 갈 수 있다고 생각했다. 정확하게는 담임선생님의 판단이 그랬다. 학비도 저렴하고 선생님은 몇 명 입학시켰느냐가 그 명성을 좌우하던 시절이니 유명 사립대 상위학과보다는 무조건 그 대학에 입학하기를 희망하는 분위기가 있었다. 은사님은 평소 철학과 소신이 분명한 분이셨다. 3학년 반 배정을 해 놓고 보니 우리 반

학생은 가난해도 공부 잘하는 아이들이다. 귀신같이 부잣집 학생을 선발한 선생님도 눈에 띈다. 이왕이면 부잣집 자식들을 제자로 두면 여러모로 나쁘지 않던 시절이다.

은사님은 연탄을 연상할 정도로 얼굴이 조금 까무잡잡하다. 전혀 그렇게 생각하지 않았는데 선생님이 처음 인사에 하얀 분필로 한자로 강OO을 세로로 길게 써시면서 까맣다고 연탄 장수라 놀리지 말라고 하셨지. 그래서 그날부로 은사님은 연탄 장수로 불리었다. 은사님의 이름을 말할라치면 중학교 기술선생님 이름이 0기준인데, 이분이 자신의 이름을 칠판 왼편 위측에 한글로 쓰시면서 이 이름을 평생 기억하게 될 것이라고 말씀하셨다. 다른 학생들은 알 수 없으나 적어도 옳은 말씀이다. 인생을 사는데 기준이 꼭 필요한데 자신의 이름이 기준이니까 인생살이에는 항상 기준이 필요하므로 자신의 이름 석 자를 불러오게 되어 잊어버릴 염려가 없다고 부가설명을 해 주셨다.

초등학교 5학년 담임선생님은 작은 키에 조금 뚱뚱하신 분인데 수박을 좋아하셨다. 매번 친구 한 명 어울려 수박을 사오라는 심부름을 시킨다. 수박을 혼자서 드시는데 그렇게 맛있게 먹는 모습을 본 적이 없다. 학생들이 보는 교탁에 수박을 올려놓고 숟가락으로 붉은 속을 단물이 뚝뚝 떨어지는데 함께 먹는 모습을 보면 참 맛있다는 느낌을 받는다.

인생 발자취는 어린 시절 성장에 크게 영향을 주었다. 초등학교 시절 장00이라고 아마도 2학년 때 같은 반 친구다. 그림을 무척이나 잘 그린 친구다. 쌀을 조금씩 모아서 비닐봉지에 담아서 전달했을 정도로 가정 형편이 어려웠다. 홀어머니를 모시면서도 표정이나 행동이 반듯했다. 그 시절의 공감은 그렇게 자랐다. 친구들과 놀면서, 딱지치기는 워낙에 잘해서 동네 딱지는 혼자 독차지했다. 딱지를 쳐서 넘기면 가지는 놀이인데, 딱지는 단단하면서도 힘 있고 땅바닥에 딱 붙어 있어야 한다. 쳐도 넘어지지 않고 버텨야 하고, 쳤을 때는 상대의 딱지가 뒤집어 넘어지도록 힘도 있으면 금상첨화다. 딱지는 크고, 넓고, 두꺼울수록 힘이 좋다. 종이에 코팅이 되어 있으면 그 접착력은 더 강하다. 구멍가게에서 판매하는 딱지도 있었는데, 그 딱지도 100장에서 200장, 더 많이 가지고 있었다. 딱지 따먹기는 게임과 비슷하다. 딱지에 있는 숫자나 글자가 많으면 승리하는 게임이다. 숨겨져 있는 딱지의 이면을 보고 선택을 하는 거다. 새 딱지는 가게에서 사지만 헌 딱지는 친구들에게 사기도 하고 팔기도 한다. 게임머니를 현재의 가용한 화폐로 구입과 판매가 가능한 이치와 같다. 딱지치기는 친구들의 딱지를 따는 행위로 보상을 받는다. 요즘은 인터넷 게임이 활성화 되어 있으나, 예전의 게임은 오프라인에서 면대면 게임이라는 차이가 있을 뿐 내용을 보면 대동소이하다. 게임에는 승자와 패자가 있다. 게임에서 승리하는 경우가 많았다. 가끔 패할 때도 있지만 곧 새로운 전략으로 패배를 능가하는 승리를 거머쥐곤 했다. 시험도 유년의 승부근성을 발휘하는 전쟁터다. 시험 이야기를 하면 부끄럽다. 너무 많이 떨어져서 나중에는 시험이 연례행사처럼 느껴지기도 했다.

1987년은 대학 졸업을 앞둔 시기다. 당시는 졸업을 하면 은행이나 금융기관, 항공사 등 대기업 또는 중견기업의 이력서가 몇 장씩 추천되던 시기다. 취업 걱정은 하지 않아도 되는 시대다. 취업에는 관심이 없었고, 가족이 전폭적으로 지지해주셨기에, 하고 싶은 공부를 자유롭게 취미로 즐기고 있었다. 대학 1학년에 입학해서는 전공이지만 생소한 행정학보다는 경제학에 푹 빠져 영어원서를 4천 원 정도에 구매해서 원서를 교재로 영어로 강의하는 수업, 경제학 000교수님, 수업을 겁 없이 수강했다. 경제학과 전공학생도 기피한다는데

재미가 있어서 수강하니 학점도 좋았다. 재미로 공부하다보니 어느새 대학 4학년이 되었는데 경제학에 빠진 행정학도가 이제 취업과 대학원의 진로 길에서 짧은 생각을 했다. 법조인이 되어야 한다는 이야기를 반복해서 듣고 행정학 선택도, 법학과 가깝다는 이유로, 쉽게 선택한 것 같다. 졸업하고 취업을 바로 하려니 군대도 미필인 상태에서는 거의 불가능하다. 자연히 행정학과 선배들 중에서 시험 준비하는 선배님들과 어울려 시험공부의 길로 접어드는 시점이다.

시험을 선택하게 된 이유는 반복되는 세뇌에 더해서 시험합격을 하면 국비 해외 유학의 특전이 있다는 사실을 우연히 알게 되면서부터다. 당시 총무처 행정고등고시 공고 란에 아래 아주 작은 각주 글씨체로 '고시 합격자는 해위 유학의 특전이 있음'이라고 표기된 문장이 마음을 훔쳤다. 시험에 도전할 동기부여가 생긴 셈이다. 시험에 합격한다면 공부와 취업을 동시에 해결할 수 있는 방편을 잡는 것이다. 공부를 즐기며 취미로 하던 시기라서 그냥 공부를 하면 좋았다. 새로운 지식과 이론을 알아가는 것도 재미있었고, 세상의 운용원리에 대한 호기심을 충족시켜주기에도 딱 맞았다. 공부를 취미로 하니 학점은 좋은데 시험합격이라는 전략목표를 달성하기에는 적합하지 않았다. 하나의 주제를 깊이 있게 연구하는 습성이 있어서 이것저것 즉흥적인 공부를 하였고, 당시의 지식한계로 넓게 필수적으로 암기해야 하는 부분을 극도로 회피하게 되면서 시험합격과는 전혀 무관하게 단지 새로운 지식을 알고 호기심 충족식의 공부에 안주했다. 대학원생으로 인식할 정도로 교수님의 수업에는 나름 몰입을 했다.

행정학은 그다지 매력 있는 과목은 아니었다. 대신에 경제학이라는 과목이 학문적인 갈증 해방구로서의 역할을 했다. 민법과 행정법 등 기본법을 수강하면서 경제학과 법학이 진정한 학문이라는 인식을 했다. 행정학은 상대적으로 학문적인 역사가 일천하고 그 대상과 연구방법이 여러 사회과학방법론을 차용한 것이라서 행정학의 독자성 내지는 정체성(identity)문제는 항상 머리를 맴도는 풀지 못하는 숙제였다. 시험공부를 본격적으로 시작한다는 생각도 없이 막연하게 공부를 즐기면서 경제학과 법학과목을 수강한 덕분에 시험에 필요한 과목들이 낯설지는 않았다. 인생목표를 설정하는데 의도적이고 계획적인 숙고의 과정을 거치는 경우도 있지만 상당히 많은 경우는 이렇게 부모로부터 보이지 않는 반복된 언어교육에 익숙해져서 미래를 선택하는 경우도 종종 있다. 아이를 양육할 때 말 한마디도 허투루 해선 안 되는 이유다. 말 한마디가 그 아이의 마음에 남아서 인격형성과 평생의 삶의 기준이 될 수도 있는 거다. 그 말이 선한 영향을 발휘하면 좋겠지만, 혹여 좋지 못한 방향을 제시해줄 위험도 있기 때문이다. 사랑의 마음으로 따뜻하고 긍정의 언어로 아기를 포옹해야만 한다.

시험공부를 시작하고 보니 기존의 하던 방식들은 전혀 도움이 되지 않았다. 오히려 방해만 될 뿐이다. 철저하게 암기하고 짧은 시간 내에 기억해서 답안지에 토해내야 하는 작업은 공부와 깨치는 과정이라기보다는 한 문제라도 더 맞추고 정확하게 암기하는 기술이 필요한 과정이었다. 그 과정을 깨닫는 데는 많은 시험의 낙방을 한 이후다. 그 깨우침을 얻기까지 많은 시간과 노력이 물거품이 되었다. 한 해에 한 번 있는 시험이었기에 시험 한 번 낙방하면 일 년 세월을 기다려야 한다. 기다림 끝에 다시 재수해서도 마찬가지로 낙방이라. 대부분 시험공부를 몇 년하고 성과가 좋지 않으면 발길을 돌려 다른 직업 선택을 한다. 참 특이했다. 워낙에 몸이 약하고 할 줄 아는 게 그나마 공부밖에 없어서 공부하던 몸으로 다른 대안을 생각조차하지 못했다. 은행이나 사기업에 취업하는 건 꿈에서도 상상하지 못했다.

시험공부와 연애를 병행하기란 사람마다 다르다. 시험공부하며 사귄 사람을 합격 후에는 헤어지는, 이해할 수 없는, 사례도 보았다. 사람의 사랑의 감정이야 이성으로 통제할 수 없는 측면이 없지 않지만 이렇게 사람을 헌신짝 버리듯이 자신의 처지가 변했다고 만나는 인연마저도 이성의 작용으로 재단하는 건 머리로는 이해할 수가 없었고 감정으로도 받아들일 수 없다. 힘들고 어려운 시절을 함께한 사람과의 인연을 끊기란 얼마나 힘든가. 인연을 맺는 건 신중하고 조심해도 지나치지 않다고 본다. 인연은 즐겁고 운명적으로 맞이하게 된다.

만남은 운명이었다. 약속시간은 오후 3시였다. 약속장소에 늦게 도착했다. 지각한 것이다. 그날이 무척 햇살이 따갑고 더운 여름날인데 집에서 깜빡 낮잠이 들었다. 꿈결에 여자를 보았는데, 3시 3분에 장소에 도착해서는 깜짝 놀랐다. 꿈에서 본 이미지의 여성이 앉아 있다. 운명의 만남은 찰나다. 그 짧은 채 1초도 안 되는 시간을 마주하면서 아니 자리에서 앉으면서 이 사람과는 인연이 오래도록 지속될 거 같고 결혼을 하는 상대로의 느낌이 다가왔다. 순전히 느끼는 감정이다. 막내로 자랐기에 자기 고집이 강했고 하고 싶은 대로 살아왔다. 환경은 극복하고 넘어서야할 현실로 인식했기에 불만이 잠재되어 항상 예민한 감정 상태를 보이곤 했다. 가난함에도 경제적인 불편함이나 다른 부족함은 주지 않았지만 그 환경 그 자체를 벗어나고 싶은 욕구가 강했으므로 집에서 편하게 쉰다는 느낌보다는 벗어나려고 하는 성향이 강했다. 이런 성향이 인연으로 많이 완화된다. 안정되고 차분한 느낌은 예민하고 흥분으로 점철된 마음을 순화시켜주는 맑은 물과 같다. 목 밑에 큰 점은 시선을 잡아두기에 딱 좋았다.

만남으로 성격이 변하였으므로 바라보는 세상이 또한 변했다. 세상은 나와 다른 실체가 아니다. 삶은 일장춘몽과 같다. 꿈에서 깬 상태가 죽음이란다. 세상을 변화시키는 유일한 방법은 내가 변함으로 가능하다. 젊을 때 세상은 나의 주변에서 다른 객체로 인식되는 경향이 있다. 남을 변화시키고, 의지대로 세상의 모습과 물질을 변화시키는 것이 자연을 정복하는 것이며 목표를 달성한다고 오해하기 쉽다.

나와 남을 구분하는 세계관은 이분법적 세계관과 관련된다. 데카르트 이후에 학문은 이분법적 관점이 현상을 설명하는 패러다임으로 기능했다. 선과 악, 참과 거짓, 주관과 객관, 행복과 불행, 이처럼 두 개의 극단을 두고 물질이나 속성들을 구분하고 분류하는 잣대로 사용했다. 중간지대는 회색지대로 양극단 모두로부터 비난의 뭇매를 맞는다. 극단이 선명할수록 존재감이 부각하기에 더더욱 선명성 경쟁을 한다. 나와 남이 다르다는 것을 뽐내고 경쟁한다. 과연 중간지대는 없는 것일까. 중용과 중용의 도는 또한 극단의 치우침이 가져다줄 위해를 미리 예방하라는 강력한 메시지다. 정신과 물질이 서로 연결되어 있듯이 선과 악도 분류할 수 있으나 서로 연결되어 있다. 선한 행동에도 악이 스며들어 있다. 약의 독성이 병을 치유하는 기능을 하는 것처럼 선과 악, 행복과 불행도 절대적인 기준이라기보다는 확률적이고 비율의 문제다. 경험한 많은 인생길에서의 고난도 그 속에는 희망과 행복이 숨겨져 있었다.

세상의 변화는 나로부터 시작이다. 반백년을 살고 난 이후에 깨달았으니 아마도 먼 시간이 지난 이후에 고개를 꺼덕일만한 이야기다. 성장과정에서 받은 많은 사랑 때문인지 주도적으로 의사결정을 하고 뜻대로 살려는 의지가 강했다. 뒤처지기 싫어 원하지 않았다. 초등학교 때 도시락을 집에서 준비해서 학교 점심시간에 각자의 도시락을 열어서 엄마가 준비한 점심을 먹던 시절이다. 대부분이 김치에

단무지, 파래라고 하는 파랑색의 해초에 간장으로 버무린 정도다. 어린 시절이라 다 맛있다. 조금의 여유가 있어 소시지와 계란 후라이를 준비하면 훌륭하다. 다시다가 선보일 때는 그 조미료를 밥 위에 살짝 뿌려서 먹기만 해도 좋다. 그 당시에는 희귀하고 귀했다. 텔레비전 광고에도 나올 정도로 유명했으니 말이다.

점심시간에는 장난스럽게도 이 친구, 저 친구의 반찬을 허락도 받지 않고 집어서 먹는 경우가 종종 있었다. 그날따라 무슨 성정이 발동했는지. 내적으로는 갈등과 열정이 강했으나 겉으로는 아주 조용하고 순박한 모범생이었다. 젓가락으로 다른 친구들의 반찬을 집어서 먹었다. 그 친구의 반찬에 젓가락이 닿는 순간 그 친구가 불쾌해하던 모습이 아직도 잔상으로 남아 있다. 그날 이후 발랄한 장난기는 다시 수그러들었지만, 지금도 미안한 마음은 남아 있다.

누군가의 장난이 다른 이에게는 진지할 수도 있다. 인간의 실존적 한계로 인간사회가 이렇게 혼돈으로 얼룩지면서도 나름의 위태로운 질서를 유지해 나가는 불가사의한 무대다.

13인의 천사들

지구에서 만난 천사들이다. 천상이라면 마땅히 이럴 지다. 모두 다르나 같다. 자기의 소임에 능숙하다. 스트레스를 느끼거나 전혀 느끼지 못해도 모두가 프로다. 밝게 웃으며 배려하니 아픔이 자란다면 사치다. 입학식 날 장난감을 챙겨주며 자상하게 커리큘럼을 설명해 준다. 교장 선생님은 처음이라 미숙한 길을 내어 다른 선생님들에게 방향을 알려준다. 두 손으로 꼭 잡아 잘못되지 않도록 늦은 시각까지 도움 주시는 선생님은 늦은 다른 학생에게 투정이라도 받지 않았을까 싶다. 진실을 베푸는 선생님은 안경을 쓰고 있다. 염소 같은 웃음소리에 정감이 남다르다. 귓속말로 알아듣기 쉽게 설명하니 사랑이 절로 난다. 모습은 젊어서 경험 없어 서툴다 섣불리 판단하지 말라. 어려워 고수도 주저하는 길을 거침없이 들어선다. 모험과 탐구심 그리고 학생을 배려하는 마음이 있어 가능하다. 불편하지는 않은지 수업이 끝날 때 자주 들러 관심을 표현한다. 예쁘게 붙여 쓸 테이프 조각들도 아직 미숙해 서툰 학생이 힘들지 않도록 짤라 둔다. 사랑 있어 가능하니 작지 않은 큰 배려다. 사회의 부조리를 참지 못하고 열변을 토하는 모습은 순수한 사랑이 때 묻지 않은 까닭이니 부럽기도 하다. 철부지 학생이라 말귀도 어둡고 행동이 어눌해

답답도 하겠지만 사랑으로 이해하고 지켜주니 감사다.

시작이 이른 시각이라 집을 나서려니 아직도 까만 새벽이다. 모든 학생이 떠난 공간을 정리하고 나면 전철 막차 타기도 일쑤다. 이렇게 늦은 날은 다음 날이 휴무라 나름의 당근이다. 학생들은 편안하게 천사들의 공연을 받아 느낀다. 때로 찾아와 학생을 살피는 교수님은 멋지다. 지식과 경험으로 부족한 학생을 인도하시는 분이다. 데이터 분석에 정통하니 통계 박사래도 믿겠다. 전문가 조교수님은 학생이 학업에 지장을 초래하는 게임에 빠지지는 않는지 살펴본다. 모두 하늘에서 보내주신 천사들이다. 그 천사의 사랑 먹는 학생이라 감사하다. 학생 껍질을 벗게 되는 날에는 천사같이 베풀며 살고 싶다. 학생이라 보답하려니 제약이 많다. 출석하고 지도에 알맞게 실천하는 것이 학생이 할 보답의 종착지다.

자동차가 맺어준 인연

목적지는 플로리다 디즈니월드다. 장거리 이동전에 자동차 점검을 한다. 자동차로 12시간은 족히 걸리는 먼 거리다. 지나친 꼼꼼함으로 자동차 벨트를 교체한다. 멀쩡해 보이는데 오래된 부품이라 신제품이 좋겠다 싶다. 새벽 세 시 어둠을 헤치고 길을 나선다.

뒷좌석 공간은 침대로 개조해 아기들의 숙소다. 설렘과 두려움이 교차한다. 운전에 익숙하지 않고 모르는 지역이라 두렵다. 두려움과 설렘은 동전의 앞뒤다. 4시간여 달려 동트는 시각에 큰 도시를 지난다. 아틀란타로 진입하는 고속도로다. 탁탁 자동차 소리가 둔탁하게 반복한다. 갓길에 차를 정지하고 앞 범퍼를 열어 보니 아이쿠 새로 교환한 그 벨트가 말썽이구나. 끊어지기 일보직전이다. 일부 파손된 벨트가 자동차의 다른 부품을 쳐서 나는 소리다. 유학생이라 휴대폰도 없고 난감한 상황이다. 두리번거려 주변을 살핀다. 갓길로 후진으로 다가온다. 그냥 두고 지나치지 않은 거다. 큰 키에 금발 여성이 차에서 내려 다가온다. 자신이 경찰에 신고했단다. 가까운 정비소에도 연락한다. 자동차 상태를 확인하고는 선도해 정비소로 안내한다. 그곳에서 정비를 받고 그날 밤 무사히 목적지에 도착했다.

친절이 고마워 감사 편지를 보낸다. 귀국 후 크리스마스 때 받은

손 편지는 연결하는 끈이 되었다. 페이스 북으로 소식을 전하며 서로의 인생을 응원한다. 그 상황을 들은 지도교수는 도움을 준 그 여성은 신(God)이 보내준 메신저라고 일러줬다. 그렇다. 인간이 고난의 정글에서 빠져나오지 못하고 힘겨울 때 신은 꿈과 희망을 준다. 좌절하지 말자. 포기하지 말자. 빛이 되어 안내 길을 열어주는 귀인이 있다. 시간 추억 여행을 하면서 깨친다. 평범한 일상은 기억 창고에서 쉬이 사라진다. 힘들고 어려운 고난은 자신을 기억하고 성장시켜주는 질료다. 마치 쓴 독성이 병을 치유하는 약성으로 작용하는 것과 같다. 편안하게 다녀온 여행이 아니라서 기억한다. 낯선 곳에서의 곤란한 상황에서 도움 받은 추억이라 지금도 생생하다. 그러고 보면 고난으로 점철된 인생을 묵묵히 걸어간 사람의 인생도 귀하다. 인생은 좋다 나쁘다 평가할 대상이 아니다. 각자의 인생은 그 자체로 존귀하다. 그날 이후 고난을 대하는 태도가 변했다. 어려움이 닥치면 또 어떤 인연을 주려나 설렘이 자리한다.

자동차 운전에 얽힌 인연 이야기를 더 해보자. 주말이면 가까운 자연과 함께하자. 휴일이라 마트를 들러 북한산 나들이에 나선다. 병목구간이다. 차량이 많아 혼잡한 도로에 오늘은 차선 하나를 막았다. 차선 변경이 쉽지 않다. 비상등을 켜고 자동차 사이 공간과 양보를 기다리며 차의 움직임을 줄인다. 지나가는 차가 좌측 백미러를 치고 간다. 급하게 그 차를 촬영하려 휴대폰을 꺼낸다. 촬영을 감지한 그 운전자가 차에 내려온다. 큰 차에서 아홉 넘어 보이는 사람들이 하나둘 내려 나에게로 향한다. 좌측거울이 깨진 건 아니다. 꺾여있다. 처음 경험한 접촉사고라 어떻게 해야 할지 모른다. 상대 운전자가 경찰을 부르란다. 경찰 연락 방법을 알지 못한다. 112를 눌러 상황을 알린다. 인근 경찰서 경관이 출동한다. 경찰은 음주측정을 하고는 접촉사고는 민사관계이므로 보험회사에 연락하란다. 큰 접촉이 아니라 서로 양해하고 헤어진다. 신이 이날 예습시켜준 걸까. 그 사고 이후 오래지 않아 조금 큰 접촉사고를 경험한다.

늦은 퇴근길에 신호대기 중이다. 갑자기 쾅하고 차 뒤편에서 굉음이 울린다. 순간 정신이 혼미하다. 잠시 정신을 차리고 보니 따라오던 자동차 운전자가 실수로 가속페달을 밟았노라 인정하며 사과했지만 이미 차는 파손되었고 운전자도 놀란 상태다. 백미러 접촉사고에서 배운 절차에 따라 경찰에 신고하고 보험회사에도 알린다. 다행인 것은 이번에도 가해 차량의 운전자도 선한 사람이다. 서로 사람을 염려해 안부를 묻는다. 차도 고맙다. 충격을 차가 먹어 최대한 사람을 보호했다. 정비를 한 차량은 지금 씩씩하게 사고의 흔적 없이 잘 달린다.

사고는 주의해서 없어야 한다. 사고도 한 번이 어렵지 두 번째는 경각심을 놓기 쉽다. 사고 처리 시스템을 알고 나면 그 시스템을 믿고 안전운전을 등한시하기 쉽다. 과속의 유혹을 떨쳐야 한다. 사고 처리의 불편함을 깊이 새기자. 사고에 익숙하게 자신을 내팽개쳐서는 안 된다. 사고에 당황하지 않도록 미리 깨우침을 주신 분께도 감사한다.

홍 시

빨갛게 익어 곧 땅으로 떨어질 것만 같은 대봉감이 달려있다. 며칠 사이 모두 낙엽이 되어 앙상한 가지에 빨간 자태만 남았다. 행인이 땄는지 어제보다 붉은색 사이 공간이 훤하다. 붉기는 날로 짙어 소년의 입술에 가깝다. 감나무는 일반 시민들과 어울려 사는 과실나무다. 오래된 마을에 한 그루의 감나무는 흔하니 만남이 쉽다. 감나무의 감으로 계절을 느낀다. 봄이면 여느 과실처럼 몽우리를 만들고, 한더위 여름이면 넓은 잎과 제법 자란 감이 녹색으로 화장한다. 가을엔 잎을 내리고 감에 영양분을 모은다. 나의 짧은 지식에 따르면 감나무는 비료와 농약 없이도 잘 자란다.

할머니 댁 마당 가장자리를 지키던 감나무 5그루는 그 크기와 자태가 엄청나다. 오랜 시간을 버텨 잘 자란 나무라 감도 주렁주렁 달렸다. 감나무를 보고 그냥 지나치지 못한다. 떠오르는 얼굴이 있어서다. 겨울방학이라 할머니를 뵈면, 정성스레 준비한 곶감을 내어주시곤 했다. 귀한 줄 모르고 몇 개 맛을 보고는 이내 질려했다. 판매하는 곶감 가격을 확인하고는 눈을 의심했다. 만드는 정성을 생각하면 가격은 비싸다 할 수 없다. 감을 하나하나 일일이 깎아서 손질해서 그늘에 말려야 한다. 감을 깎은 손은 검은색으로 물들었다. 감은 달아서인지 하얀색으로 덮혀 있다. 마치 할머니의 흰색머리와 같았다. 곳감에 싫증내면 다른 감을 내다 주신다. 마당 한 가운데 묻어둔 장독대 안에 저장해둔 터진 홍시다. 자연스레 땅에 떨어진 감들을 주워서 보관해둔 것이다. 겨울에 건져 먹는 터진 홍시는 얼음을 깨어 먹는 청량감을 느낄 수 있어 좋았다. 시원한 맛이 홍시의 단맛을 덮었다. 억지로 익힌 홍시가 아니라 자연스레 나무에서 숙성되어 익은 감이라 더 맛있다. 지금도 가게에 홍시가 진열되어 있지만 선뜻 손이가진 않는다. 모든 농산품이 그렇듯이 상품성 때문에 덜 익은 상태에서 수확한다는 의심 때문이다. 조금 일찍 수확해서 보기 좋게 식용약품으로 처리를 하거나, 억지로 익힌 과일은 그 맛이 자연에서 익은 맛을 비할 수 없다. 모든 면에서 편리와 효율이 증대한 시대다. 즉석식품으로 전자레인지에 데워 쉽게 식용할 수 있으니 먹거리도 풍부하다. 급한 시대에 빠르게 먹거리를 장만해서 배를 채울 수 있으니 효율적이다. 목표를 향해 빨리 도달해야 하는 사람이 길에 멈춰 서면 효율적이지 못하다. 가던 길 멈추고 추억하며 얻는 삶의 기쁨이야 목표달성에는 떨어지는 효율성도 비할 수 없다.

짧은 시간 감나무에 대롱대롱 달린 감을 보며 외할머니를 추억했으니 오늘은 집 거실에 줄지어 때를 기다리고 있는 홍시를 먹기로 한다. 모양도 예쁘게 익은 홍시다. 아마 할머니께서 그릇에 담아 주신 터진 얼음 홍시 그 맛을 추억하긴 어렵겠다.

토마토로 만난 추억

연말이라 사무실 업무가 많다. 업무에 빠져 훌쩍 지나버린 퇴근 시간을 놓쳤다. 늦은 시각이라 구내식당도 문을 닫았다. 과일 토마토를 썰어 내놓는 정성에 끼니를 거를 순 없다. 배려에 감사하는 마음으로 깊이 감동한다. 귀한 토마토를 보니 군침이 돈다. 바로 먹으려다 맛있게 먹고 싶다는 마음이 인다. 옛날에 엄마가 토마토에 얼음 그리고 설탕을 타서 저어 주셨던 그 맛을 재현해 본다. 사무실 가장자리를 차지하고 있는 설탕을 흩날려 먹어보니 그 맛은 아니다. 수박도 설탕에 타서 먹었던 기억이 새롭다. 설탕은 그렇게 인기 품목이었다. 단맛을 워낙에 좋아해서 어릴 때 충치로 고생한 기억이 새롭다. 부족하던 그 시절에도 인간의 감성은 풍부했다. 서로 도와주고 부족해 보완하는 상부상조의 미덕이 있다.

시골에 홀로 생활하시던 외할머니를 뵈면 그렇게 좋았다. 방학 때면 시골 할머니 댁에서 온종일 지냈다. 할머니를 혼자 두고 집으로 돌아오는 날이면 슬픈 마음에 눈물이 절로 난다. 방학 기간 내내 할머니와 함께 생활했으니 정이 깊어서 그렇다. 어린 마음에도 홀로 남은 외로움의 크기를 어설프게 안다. 첫날 할머니는 어김없이 닭을 잡아 주셨다. 어려서 알지 못한 그 맛을 지금에서야 알아챘다. 아침,

점심, 저녁 매끼는 큰 솥에 장작불을 때워 차린다. 하얀 쌀밥을 큰 밥그릇에 고봉까지 쌓는다. 한 톨이라도 남길라치면 야단이 천둥 앞선 번개다. 할머니의 소원은 손자들이 밥을 싹싹 비우는 거다. 반찬은 닭이 선물한 싱싱한 계란찜에 밭에서 갓 따온 오이와 호박이면 부족함이 없다. 간식으로는 장작불이 타고 남은 잔불에 구운 고구마와 감자, 가끔은 귀한 밤도 굽는다. 여름방학이면 신선한 과일이 있어 좋았고, 겨울방학이면 땅콩 같은 군것질을 호롱불 앞에서 먹으며 도란도란 정감 넘치는 이야기를 나눠 좋았다. 갓 수확해서 싱싱하고 물 많은 수박을 흥얼거리며 먹는 모습이 보기 좋았나 보다. 수박이 맛있는지 물으신다. 맛 난다고 답하니 맛있을 때 많이 먹어두라고 하시며 세월이 입맛까지도 무상하게 만들 거라 일러 지혜를 주신다.

좋은 점이 있으면 불편함도 함께 있기 마련이다. 여름방학에는 모기와의 전쟁이다. 모기장을 준비해도 워낙에 모기가 좋아하는 피부라 방학이 끝나면 다리 종아리는 고름으로 뒤범벅이 되곤 했다. 겨울방학에는 땅콩을 너무 많이 먹어 어두운 마당을 가로질러 어스름 푸세식 화장실에 설사하는 날이면 어둠이 주는 무서움과 설사에 튕기는 화장실의 물기가 엉덩이를 자극하는 불편함을 감수해야 했다. 종이도 넉넉하지 않아 감나무 잎을 종이 대용으로 사용하기도 했었고. 무서워서 화장실을 가지 않고 마당 가장자리에 소변보는 밤이면 별들이 초롱초롱 반겨줘서 좋았다. 어둠이 깊을수록 별빛은 더없이 빛나 은빛 세상이 펼쳐진다. 낮에는 형님을 따라 나무를 했다. 할머니께서 생활하시면서 사용할 땔감을 준비한다. 마당 가장자리를 지키는 감나무와 무궁화 사이의 공간을 땔감이 막아 벽을 만들면 방학이 끝나 집으로 돌아올 시간이다. 헤어지는 전날부터 외할머니는 짐을 싸두고 떠나보낼 준비를 한다. 신작로까지 걸어가서 버스를 타고 기차역이 있는 시내까지 이동하려면 아침 일찍 일어나야 한다. 새벽

같이 기상해서 아침밥을 꼭 먹여 보낸다. 아침을 거르면 비포장도로를 달리는 버스에서 뱃멀미할까 걱정하는 마음이다. 어린 시절 선잠을 깨어 먹는 아침이 목에 쉬이 넘어가지 않아도 할머니의 마음 알고 억지로라도 먹는다. 그래야 할머니 마음이 편안하겠지. 전날은 밤이 지새도록 바느질을 하신다. 큰 금액의 종이돈을 잊어버리지 않게 내의에 천을 대어 꿰어 두신다.

드디어 우리를 보낼 준비를 마치고 신작로를 함께 걸어간다. 신작로 버스 정류장까지는 어린 걸음으로 40~50분은 족히 걸리는 제법 먼 거리다. 할머니 댁에서 500미터 정도 걸어가면 작은 시냇물을 건너는 다리가 있다. 그 다리가 심리적인 유대를 묶어주는 지점이다. 다리를 지나 걷는 길은 눈물이 앞을 가린다. 마음에서 우러나는 안타까운 감정은 눈물로 표현되지만, 그 눈물을 보면 쓸쓸할 터라 꾹 참는다. 참아도 흐르는 눈물을 막을 수는 없다. 짧게 끊어 눈물샘을 적시고는 먼 하늘을 보며 쓸데없는 말로 감정의 방향을 돌려 추슬러 본다. 버스가 마을을 돌아 굽은 길로 돌아설 때 인내의 끝이다. 시내 기차역에 도착하면 눈물은 그친다. 이제 본가에 계실 부모님을 뵙는다는 위안으로 부족한 마음을 다독거린다. 손수 키운 쌀도 열차 화물로 받아서 식용하고, 할머니께서 주신 용돈으로 생활에도 보탬이 되었다. 자식과 손주 사랑은 한없이 컸다.

외할머니를 생각하면 항상 떠오르는 흑염소와 돼지가 있다. 방학이 시작되어 할머니 집에 도착해보니, 염소 새끼 3마리가 맥없이 누워있다. 자초지종을 들어보니 염소 엄마가 새끼를 낳고, 배가 고팠던지 옆에 있던 등겨를 먹었단다. 등겨의 속성이 배에 들어가면 부풀어지는데, 배가 고팠던 염소가 배부를 만큼 먹었던가 보다. 믿기지 않아도 배가 터져서 죽었단다. 염소의 마음은 얼마나 슬펐을까. 새끼 세 마리가 귀엽다. 당장 시장에서 분유 한 통을 준비해 어린이

젖통에 휘저어 거꾸로 든다. 세끼가 코를 대고 냄새를 받는가 싶더니 온힘 다해 빤다. 분유 한 통이 금시에 동났다. 그렇게 애지중지 키웠는데 한 마리는 미처 성장하기도 전에 죽었다. 그래도 두 마리는 잘 자랐다. 보통 염소는 새끼를 한 마리 또는 두 마리를 낳는데, 이 염소는 세 마리를 낳는다. 두 마리 중에 한 마리는 장에 내다 팔고 한 마리가 다시 새끼를 낳으니 또 세 마리다. 할머니가 애지중지다. 분유를 먹여 키워서 인가 염소는 우리를 보면 반갑다고 마당을 껑충껑충 뛰며 맞이한다. 먹이를 준 사람들의 기운을 느끼는가 보다. 할머니는 그 염소가 기특해서 목줄을 달지 않고 키웠다. 염소가 낮에는 산에서 풀을 뜯다가 해가 지면 우리로 돌아와 잠을 잔다. 그렇게 인연은 깊어만 갔다. 돼지 새끼도 마찬가지로 반갑다. 돼지는 새끼를 8마리 낳았는데, 그 새끼를 먹이를 주고 키웠다. 방학 때 찾은 어른이 된 돼지도 꼬리를 흔들며 반긴다.

동물과의 교감을 느껴본 어린 시절의 추억 회상은 할머니가 있어 가능하다. 외할머니의 추억으로 가능한 회상이다. 추억은 언제 들춰봐도 아련하고 아름다운 풍경이다.

물건과 사람

마음과 몸은 가장 낮은 곳에 가장 없는 지점에 아무런 집착 없는 그 지점에 빛이 소생하는 그 점에 두고, 이 시간 가장 필요한 공간에 가장 있어야 할 곳에서 그 역할에 충실하고 충분히 느끼고 싶다.

제일 먼저 달라진 점은 아침 일찍 잠에서 깬다. 잠을 자는 시간은 꿈을 꾸는 시간이라 어쩌면 활동하며 꿈꾸는 것과 별반 다르지 않다. 인생이 일장춘몽이라 하니 결국 우리의 지금 인생 자체가 꿈과 같다. 잠에서 깨어 자각하고 싶고 느끼고 싶고 작은 모습으로 체험하고 싶다는 욕망이 발현된다. 이 몸이 없어진다면 정신이 느낄 수 있는 센서가 없어지는 것과 같다. 육신이 있어 고통스럽고 아프고 힘들지만, 그래도 몸이 있어 희로애락을 느끼고, 감각으로 만져서 느껴 있을 테니 말이다.

자동차에 온갖 정이 다 들었다. 설산을 달리기도 했고, 꼬부랑 패스길(pass road)도 마다하지 않았다. 평화로운 평지와 꽃길도 달렸고 호수를 끼고 유유히 길을 밟으며 안내했다.

오래된 연식이라 전자 장비가 전혀 없다. 요즘 신세대에 당연히 설치된 블랙박스나 네비게이션, 거치대도 없다. 없어도 운전에 전혀 지장이 없다. 이제 최첨단 장비를 함께 설치하려 한다. 돈은 가지고 있으면 종이에 불과하다. 그 돈을 잘 활용하면 가치를 느끼고 체험할 수 있다. 체험한다는 것에 너무 돈을 인색하게 아낄 필요는 없다. 배우고 느끼는데 필요한 이유 있는 지출은 건강하다. 힘들지만 않는다면 새로운 문물을 느껴보게 하고 싶다.

요즘은 정보통신 기술의 발달로 가격도 서비스도 큰 차이가 없다. 그래도 미세한 차이는 있는데, 몇 군데 전화와 포털 검색으로 가게의 분위기를 감지할 수 있다. 작은 미세한 인간에 대한 배려가 매장을 살리기도 하고 손님이 끊기기도 하는 요인이 된다.

블랙박스 종류와 가격이 천차만별이라서 비교하기도 쉽지 않다. 후방카메라는 달기로 마음먹고, 블랙박스는 비싸다면 다른 곳에서도 충분히 할 수 있다는 생각으로 마음 비우고 가게에 도착하고 보니, 젊은 사장님이 벌써 가게 문을 열어두고 기다린다. 믿음이 자라 안도감이 열매 맺는 순간이다. 사람도 친절하고, 가격을 높일 생각은 없는 듯하다. 가게에 이미 인터넷가격과 비교한 가격표를 붙여두고 나름 저렴하게 제공한다는 취지로 홍보하고 있다. 설치비와 기존 블랙박스 제거비용을 별도로 받는 가게가 있는데 이곳에서는 물품가격만 받고 설치를 다 해주시니 그것만으로도 바가지를 쓰지는 않는다 싶다.

물건을 사는 것도 인연을 만드는 신성한 일이다. 물건과의 인연의 씨앗도 뿌리지만 그 물건을 통해 사람과의 인연도 생긴다. 생각해보니 사회에서 엄청 많은 혜택을 받는다. 사회에 기여한 것보다 더 많은 배려를 받는 것이다. 작은 손해라도 볼까 예민을 떨었다면 이제는 조금이라도 베풀자는 마음이 더 강하다. 물건 값을 제대로 지불해야 그 가게 주인도 원활하게 경제활동을 하게 되니 작은 배려가 많은 긍정과 선한 영향력을 줄 것이다.

없는 사람은 이런 생각을 가지기도 쉽지 않다. 그럴 필요도 없다.

좀 엄격하고 예민해도 된다.

어린 시절 가방을 사러 갔다. 시장에 있는 가방 가게였다. 그날은 이비인후과에 들러 귀에 단단한 물체가 있어서 그걸 뺐는데 엄청 아팠다. 그 때가 입학시즌인가 정말 예쁘고 비싼 가방을 낙점했다. 가게 주인과 가격을 두고 흥정하는 건 그 시절에는 흔한 일이다. 정찰가격이 정착되지 않던 시절이라서 물건에 가격표를 붙여 공시하지 않고 그냥 부르는 게 값이라서 흥정하지 않으면 바가지를 쓰는 형국이라. 무조건 물건은 흥정부터 시작해서 구입한다. 서로를 믿지 못하니 물건 하나 사는데도 불필요한 에너지를 많이 낭비하던 시절이다. 선진국과 후진국의 차이지. 선진국에서는 가격이 공정가격으로 정찰제로 운영되고 있고 신뢰가 바탕이 되어 그런 거래 비용에 부가적인 에너지와 비용을 투입할 필요가 없다. 그만큼 효율적으로 세상이 움직인다. 후진국은 이와는 다르다. 정이 넘치고 재량과 선택적인 권한 행사에 익숙하고 특권에 길들여진 사회에서는 가격도 마찬가지다. 가격도 재량가격이요, 선택가격이라서 고무줄처럼 늘었다 줄었다 기준이 없다. 돈 많은 사람이다 싶으면 비싸게 불러보고 돈 없는 사람이다 싶으면 낮은 가격대를 부르기도 한다.

사실 물건 값만 놓고 본다면 물건을 손해 보고 팔지는 않을 거다. 물건을 보관하는 창고나 가게의 세를 고려한다면 부가비용을 감안한 가격은 물건 가격에 포함해서 고려해야 한다. 물건에 따라서는 손해를 보더라도 팔아서 재고정리를 하는 게 가게 주인 입장에서 이익이 될 때도 있다. 그날 가방을 결국 사진 못했는데, 아마도 반값으로 흥정했었던 거 같다. 이런 어린 시절의 경험도 성장하면서 물건을 구입하는 순간에 무의식으로 영향을 미친다. 다행인 건 정찰제가 정립되었기에 물건 값을 흥정할 필요가 사라졌다.

휴대폰이 상용화되면서 모두가 연결되고 정보가 공유되는 시대라 이제는 제품가격도 통일되는 경향이 있다. 가격설정에 블록들이 다 무너져버린다. 가격과 물건이 동일하니 경쟁력은 사람의 따뜻한 서비스 정신과 배려의 마음이다. 친절하게 설명하고 사람을 따뜻하게 대하는 가게 주인이 손님을 많이 유치할 수 있다. 앞으로는 인간성이 더 존중받고 귀하게 대접 받을 거라 생각한다.

물건하나를 구매하면서 물건의 가치와 활용성 기능을 생각하기 보다는 이 가격이 덤터기를 쓴 것이 아닌지를 의심하게 만드는 거야 말로 구매자와 판매자의 불필요한 비용을 양산하는 거다. 선진사회가 된다는 건 이런 불필요한 비용을 줄여서 사회의 움직임이 효율적이고 건강하게 작동될 수 있도록 하는 거다. 공정한 시장가격으로 거래가 자유롭게 이뤄져서 구매자는 지불한 가격보다 높은 효용가치를 느끼고 판매자는 받은 가격으로 적정 이윤까지도 보전 받아서 지속가능한 경영활동을 영위함으로써 판매자와 구매자 모두가 경제적 이익을 보면서 사회후생이 높아져야 한다.

일상, 소중한 행복

하루하루 순간순간이 충만함으로 꽉 찬다. 시간을 세 등분하면서 시간의 중요성을 실감한다. 시간을 쪼개서 불필요한 시간과 공간에 방치하는 사례가 없도록 순간, 공간과 시간에서도 필요하고도 중요한 일을 한다. 좋은 경험을 했다. 도자기 그림 3점을 기증했는데, 전시공간에 협조해주신 분들과 함께 초대했다. 사진도 찍고 차도 마시면서 좋은 시간을 보냈다. 기념품과 감사장은 부차적이다.

안경을 새로 구입한 날이다. ㅇㅇ제품인데, 안경도 명품은 가격이 제법 한다. 안경이 사물을 보여주는 보조 역할을 하는 거라면 가성비만을 놓고 본다면 명품이 그렇게 비싸야 하는지 의문을 가진다. 과거에는 가성비를 생각하고 불필요한 낭비를 주의하는 태도로 가격이 비싼 제품은 쳐다보지를 않았다. 그도 그럴 것이 그만큼의 여윳돈도 없었고 물질적인 빈곤은 마음의 여유마저도 빼앗아간다. 안경에 대한 이런 생각은 지난해 ㅇㅇ의 아주 작은 안경점. 이름은 기억하지 못한다. 그 안경점에서 안경테를 하나 구입하고는 다른 안경을 살 수가 없다. 몇몇 안경을 착용해봤지만 그 안경의 착용감과는 도저히 구분되는 알 수 없는 차이를 미세하게나마 느꼈기 때문이다. 가격의 차이가 이런 작은 착용감의 차이를 품고 있는지를 그때 비로

소 알게 되었다. 그 이후 아마도 그 가게에서 가장 높은 가격대일 그 안경을 선택한다. 안경을 맞춰 구입하고 자동차로 귀가했다.

첫 휴가를 받은 날이라서 마음이 설렌다. 누군가의 편에 선다는 것과 사랑하는 사람의 편이 된다는 건 가슴 설레는 일이다. 자동차도 함께 산을 달려 세상을 둘러보고 이제는 서울을 누비고 있다. 전자기기는 없는 그야말로 깡통의 자동차이지만, 이제 시대의 변화에 맞춰 전자기기와 새 문물을 받아들이고 있다. 새 문물이 자동차도 부담되지 않도록 하나하나 기능을 더할 때도 욕심에 따르지 않도록 주의한다. 복 많고 사랑 많이 받는 사람이라 큰 산과 무거운 짐도 새털처럼 가볍게 받아들일 수 있다. 인생의 짐은 마음가짐과 태도에 좌우된다. 한때는 주변 환경의 영향력이 시스템을 좌우한다는 생각도 가져본 적이 있으나 돌아 생각해 보니 시스템의 주변과 환경도 그 시스템의 자세와 역량에 변화되고 바뀔 수 있는 꿈과 같은 것이다. 관리해야 하는 건강 프로그램도 도와주는 선한 분들이 많아 감사하다. 고마움을 표현하지도 못한다. 현실세계의 제도들이 쉽게 허락하지 않는다. 피할 수 없는 고난이지만 그 고난이 전혀 힘들거나 어렵지 않고 긍정의 마음과 자세로 받아들이고 지금껏 잘 헤쳐 나갈 수 있는 원동력은 사랑의 힘을 느끼기 때문이다. 이 과정 모두가 끝나고 나면 베푸는 마음으로 크게 인사할 것이다. 갑자기 흘러내린 물방울은 신이 준 선물이다. 고난에서 무엇을 배우고, 느끼고, 깨달아 천상에 돌아오길 바라시는지 눈물은 마음을 정화하는 특효약이다. 홀로 있는 이 공간에서 부끄럼도 없다. 감동과 사랑만 남아 있다. 작은 깃털만큼의 원망도 없을 거다. 사랑과 감사로 순간과 찰나를 채워나갈 것이다. 시간의 노예가 되기를 주의하면서, 사랑과 감사로 채워나가는 인생이 전염되고 미래의 어느 순간에 큰 지팡이가 되었으면 하는 바람이다.

모처럼 함께 맞이하는 주말이다. 늘 함께 하려 했다. 어릴 땐 유모차를 태워 아파트 단지를 거의 매일 돌았다. 주말이면 시각표라는 책자를 구입해 들고는 시외버스를 타고 새로운 공간으로 이동해서 추억을 쌓곤 했다. 어린 시절 잔병치레를 했다. 그땐 큰 병이라 인식하고 병원 처방을 따랐지. 단단한 캐리어에 업고 다녔다. 동해 동굴도 기어서 들어갔고 울산바위도 올랐다. 아프지만 않고 건강하게만 자라다오. 인생이란 소망과 희망 꿈이 아니라 그냥 체험이다. 좋고, 나쁨도, 행, 불행도, 기쁨, 슬픔도, 우리가 느끼는 감정들은 사치다. 인생이란 강조해서 말하는데 그냥 삶의 체험 현장 그 자체다. 체험이 서로 다른 느낌을 준다면 아직은 수행이 더 필요한 사람이다. 인생무상이다. 자연 무상이다. 모든 것이 변한다. 무상이란 이런 거다. 그 무상의 굴레에서도 항상(恒常)을 유지하는 사람이 깨친 자다. 좋든 싫든 기쁘나 슬프나 항상 평정심과 일관된 마음을 유지하자. 가족이 오롯이 같은 공간에서 함께 숨 쉰다. 참 소중한 시간 공간이다. 각자의 인생체험으로 다른 시간 공간에 있겠지만 오늘의 이 축복된 공감은 그래서 더 소중하다. 맛있는 음식과 편안한 휴식 그보다도 각자 방에 있어도 서로를 느낄 수 있는 가까운 공간에 있어 여유와 안심이다. 햇살이 창문 틈으로 비추니 아침이다. 오늘은 햇살 가득한 아침이 오래오래 정지된 시간이었으면 좋겠다.

귀 로

감히 인생을 논할 자격은 없다. 아니 인간이라면 누구나 삶을 이야기 할 권한이 있다. 아파도 걸어야 하는 게 숙명이다. 멈출 수 없다. 포기할 수도 없다. 태어난 이상은 인생은 걸어가야 한다. 뛰어도 좋고 쉬어가도 괜찮다. 걷던 길을 돌아가지는 못한다.

포기하지 못하고 힘들게 걸어가는 모습은 시지프가 굴러 떨어질 돌이란 거 알고도 끊임없이 돌을 밀어 올려야 하는 벌을 연상케 한다. 인생이 슬픈 까닭은 관둘 수 없는 운명 때문인지도 모른다.

모두를 내려놓고 포기해 보자. 절망의 끝에서도 희망의 불빛을 찾는 우리는 포기를 할 수 없도록 미리 셋팅해 둔 탓이다. 꿈과 희망을 버리지 말라고 듣고 배웠건만 그 소망마저도 던져버리지 않고서는 물러날 단 한 칸의 여유도 없다. 사랑도 미움도 사치가 되어 버린 그 공간에서 비로소 당신의 처절한 모습을 상기한다. 보고, 듣고, 느낄 수도 없는 그 심연의 끝, 작은 점 하나는 당신과 자연이 만나 교우하는 시발점이자 종착역이다.

인생을 돌이켜 사는 방법이다. 어린이의 손을 잡고 초등학교 교정을 거닐어 보라. 지난날의 어린 시절 동무들과 선생님들의 아련한 기억이 추억을 부른다. 자식을 낳고 양육하면서 어릴 때 받은 부모

님의 사랑을 다시 체험한다. 되돌아갈 수 없는 길을 돌아보기만 하면서 회상하는데 만족해야만 한다. 충전하지 못하고 사용되는 건전지처럼 우리 인생길을 비추는 노을은 짙게만 물든다.

시대 단상

올림픽대로에서 저속으로 운행 중인 차량을 만난다. 비상등을 켜고 속도를 줄인다. 뒤에서 오는 차를 배려하기 위함이다. 차는 추월해서 간다. 사랑의 힘으로 관리를 해야 한다. 그간의 역사를 보여주는 명패들과 감사패 그리고 사진들은 역사를 간직해 버리기는 아깝지만, 가지고 있어 추억하지도 않는다. 버려야할 것은 미리 버려두기로 한다. 이제 한 박스 정도도 남지 않은 짐을 보니 마음의 짐이 한결 가벼워진다.

젊을 땐 모으고 절약하고 그런 인생이라면 이제는 버리고 가볍게 만들어야만 한다. 떠나는 길이 가벼워야 하고, 버려야 여백이 생긴다. 젊음은 마치 흰 도화지와 여백과 같아 채울 것들이 많고 공간도 많다. 삶이 길어질수록 찌꺼기는 생기고 채색된 그림도 많아 여백은 없다. 여유가 없다는 말과 같다. 버리고 또 버려서 그야말로 가볍게 된 지금이 너무 좋다. 애매한 것들은 버린다. 도서관에서 언제든 빌려서 볼 수 있는 책들도 버리는 대상이다. 시간이 지나면 그 필요도 변한다. 인생무상. 삶에서 변하지 않은 게 어디 있는가. 물건도 마찬가지다. 필요에 의해 선택되고 또 버려지는 물건이라도, 우리는 지혜롭게 취사선택을 해야 한다. 버리고 나눠야 한다. 때에 맞게 나눌

수 있으나 때 지나면 결국 버리는 방법밖에는 없다.

소중한 것들도 지나면 퇴색되고 버려야 하거늘 누군가에게 필요한 그 시점에서 적당히 나누는 지혜가 필요하다. 더 필요로 하는 다른 사람이 있다면 기꺼이 나누는 용기도 내야 한다. 물건을 버리면서 그동안 모아 두었던 무지함을 깨닫는다. 다 버리게 된다는 것을 안다면 모으려 집착하지도 않았을 거다. 감사패도 이렇게 버리는 것이라면 만들 필요도 없지 않을까 싶다. 물론 패를 주고받으며 석별의 정을 나누는 그 시점에서 역할과 기능을 했으니 값어치는 충분히 했다. 사람은 시야를 어디에 두느냐에 따라 집착과 행동과 선택이 달라지는 듯하다. 모든 것을 소멸해야 하는 숙명이 있는 인간이 집착할 것은 아무것도 없다. 사는 동안 필요한 것들이 있으니 그 짧은 시간 집착하고 놓아주고 버리고 그런 반복된 행동을 어리석게 할 뿐이다. 사는 동안 풍요롭고 부족하지 않기 위해 집착하는 건 생명을 유지하기 위한 본능에 가깝다. 풍요는 아니더라도 나누고 삶에 꼭 필요한 필수적인 것들을 조달하기 위해 집착하고 가지려는 건 자연스러운 자연의 이치의 하나다. 버리면 홀가분하다. 떠나는 나그네가 손과 어깨에 무거운 짐을 지고 있다면 그 길이 결코 즐겁거나 가볍게 느껴지지 않는다. 자유롭게 깃털처럼 가볍게 떠나고 싶은 자여, 가능하면 많은 것들을 양보하고 뒤에 서라. 양보하는 건 자신을 보호하기 위한 좋은 장치다.

살다보면 승진이나 파견이나 좋은 곳에 좋은 것을 취하기 위해 타인을 경쟁에서 밀어내기도 한다. 그런데 말이다. 공정은 속절없이 무너지기 쉬운 것이다. 그 과정을 생생하게 담담하게 지켜보면서 낙천의식이 이렇게 발휘되는가 보다 위로했다.

베풀고 나누고 줘라. 그것이 물질이든 물질 아닌 것이든 받고 깨침이 있다. 인생은 이 깨우침을 얻기 위한 것이니 내 것이라고 고집하지 말고 지식이든 경험이든 물질이든 돈이든 나눌 수 있는 것은 최대한 나눠라. 아무리 소중한 것들이라도 가지고 있는 동안에는 최대한 활용을 해라. 소중하다고 가지고만 있으면 아무 것도 아니다. 소중한 말 사랑한다는 말도 마음에만 담고 있으면 그걸로 끝이다. 아름다운 말도 상대방에게 베풀어야 하고 나눠야 한다. 소중한 것이라고 소장하는 경우가 많은데 그러지 말고 소중할수록 그 물질의 속성에 맞게 잘 사용하는 것이 우주의 순리에 따르는 것이다. 다이아몬드 반지가 있다고 치자. 다이아몬드가 비싸다고 박스에 두고 보관만하면 그것으로 끝이다. 다이아도 빛 좋은날 사용해야 그 맛이 있는 법이다. 아무리 좋은 진수성찬의 음식도 그 때에 먹어야 건강하고 입맛에도 좋다. 소중하게 보관만하면 그 음식은 부패하기 쉽다. 부패한 음식은 버려야 하고 버리는 것도 일이다. 우주의 만물은 그 자리에서 그 기능을 위한 속성이 있다. 그 속성에 맞게 사용하고 활용할 때 가장 아름답다.

사회는 변화하는데 그 변화를 읽지 못하고 과거의 방식으로 지내다보면 어느 순간에 자신이 그 과거의 덫에 걸려든 거를 알게 되는데 이미 그때는 손쓸 수 없을 만큼 늦은 시점이다. 변화를 읽고 주도하면 좋긴 한데 그 또한 다른 사람들로부터 지탄 받을 개연성이 높다. 결국에는 중용의 도를 지키면서 너무 사회변화에 뒤처지지 않도록 자신을 내려놓는 게 중요하다. 자신을 내세우면 보이지 않는 적들이 생긴다. 자신을 가장 낮은 곳에 가장 작은 점으로 만들고 겸양하라. 그러면 자신을 지키는 큰 보루가 될 거다. 정상에 서기 위해 누군가를 누르는 건 어리석은 일이다. 누구나가 정상에 서고 싶은 욕심이 있다. 함께 정상에 서는 게 가장 좋다. 그게 안 된다면 과감하게 차선을 선택하는 것도 나쁘지 않다. 최선보다 못한 차선이 결과에서는 최선보다 더 나은 결과를 가져오는 경우도 많다. 사실

인생에서 최선인가 차선인가는 중요하지 않다. 어떤 선택을 하더라도 그 선택에 따른 결실을 맺는 건 그 사람의 태도와 자세 그리고 마음가짐이다. 항상 즐기며 존중하는 마음으로 자신을 낮추면 크게 위험한 일은 없으리라.

아무리 많이 벌어도 좋은 차를 구입해도 그 행복은 짧고 순간적인데 사랑하는 사람과 함께 하는 행복은 지속한다. 사랑하는 사람과 함께 가정을 이루는 일은 성스럽고 정말 행운이다. 그런 면에서 행운아다. 작은 마을에서 정감 있는 사인을 받는 추억은 아름답다. 그 카드를 어디에 소중하게 두고서는 아무리 찾아도 없었다. 짐 정리하면서 발견하니 반가운 마음에 사진 찍어서 보낸다. 추억이란 이런 것이다. 꼭꼭 숨겨뒀다가 어느 순간 우연히 발견하고 그 추억을 꺼내 보는 기쁨 환희, 기억 속에 숨은 무의식을 하나, 둘 꺼내보며 설명할 수 있을 때 인생의 깊이는 더한다.

공 감

감정이입(empathy) 용어를 처음 접한 건 대학 때 한국 행정론 강의다. 상대방 입장에 서서 현상을 바라보는 것으로 이심전심과 유사한 개념이다. 자신의 관점이 아닌 상대의 입장이 되어 보는 연습인 거다.

최근 공감(sympathy)이 사회의 주목을 받고 있다. 감정이입은 공감에 도달하는데 필요한 배관의 역할을 한다. 공감이 널리 회자 되는 지금의 상황은 역설적이게도 공감이 더 부족한 실태를 반영한 것인지도 모른다. 개인주의가 깊어지고 전문화된 사회에서 모래알처럼 개별화되어 사는 우리는 다른 사람에게 관심을 끄고 산다. 오로지 자신의 행복 추구에 몰입하면서 사회와의 연대감도 점점 약해진다. 타자의 감정이나 처지는 알 바 아니다. 행복을 위해서라면 상대의 불편함은 안중에도 없다. 기계처럼 감정 없는 인간으로 산다.

공감은 인간이라면 갖고 키워야 할 능력이다. 서로 다른 성을 가진 인간, 국적이 서로 다른 우리, 혈색이 달리 태어난 사람, 언어도 다르고 문화도 달라 같지 않다. 비슷한 생각과 감정으로 사람들은 모인다. 유유상종을 보인다. 무리로 모인 사람들은 무리와 다른 사람을 이해하지 않고 배척하는 경향이 있다. 문화 다양성을 존중하고

배려하는 교육으로 보완하지만 완전한 이해에 도달하지는 못한다.

세계가 연결되면서 서로 다른 우리가 만나고 부딪히는 일상이다. 부족들끼리 모여 단절된 생활이 가능하지도 바람직하지도 않은 시대가 되었다. 공감은 서로를 배려하고 이해하는데 위력을 발휘한다. 마음을 내어주는 공감은 위로하고 치유한다. 물질의 도움을 주거나 고민을 해결해 주는 것 이상으로 바로 일어나게 하는 원동력이다. 유대감을 느끼게 하며 지지하고 응원하며 지켜봐 주는 이가 있다는 느낌과 신념을 불어넣어 준다. 공감은 이렇게 강하다.

이심전심과 측은지심을 이어받은 우리는 이미 공감을 알고 실천해온 민족이다. 조상들의 연대 의식은 현대에 많이 희박해진 것도 사실이다. 우리 마음에 살아있으나 그 실천에는 인색하다. 공감을 실행하고 표현하는 방식이 서툴다. 아니 엄청나게 어려운 과정이다. 전문가의 도움과 지도가 필요한 영역이다. 공감한다고 내뱉은 말이 상대에게 위로가 되지도 못하고 비수가 되어 상처를 주기도 한다. 잘못 배워 틀리게 표현하면 공감은 아니다. 진정한 공감은 인간 실존에 관한 깊은 고찰이 따라야 한다. 공감에서 나오는 따뜻한 위로의 말 한마디가 치유의 힘을 발휘한다. 굳이 말하지 않아도 좋다. 함께 한다는 따뜻한 시선으로도 충분히 공감을 표현하고 전할 수 있다. 당신의 마음 표현이 오롯이 전하는 기법을 신중하게 찾아 세련되게 연습하자. 공감하고 싶은 당신이 첫 번째로 가질 덕목이다. 제대로 된 공감인가 여부는 상대의 마음에 달렸다는 점도 명심하자. 공감하기란 이렇게 쉽지 않은 여정이다.

고3

기억하기 가장 좋은 시기는 바로 지금이다. 과거는 지난 시간이라 집착이다. 미래는 모를 시간여행이니 염려와 기대다. 오직 현재에 깨어 있어 산다.

고교 시절은 아련한 추억 한 장이다. 이른 시각 집을 나선다. 잠이 덜 깬 학생은 누워서 따뜻한 밥 한 숟가락에 김치 한 점 올려 입에 넣어 씹어 삼킨다. 눈은 감아 반 수면상태다. 겨우 밥을 먹고는 찬물에 고양이 세수를 한다. 저 버스를 놓치면 지각이다. 마음이 급하다. 만원 버스에 몸을 싣고 흔들리며 눈 감고 모자란 잠을 보충한다. 굽이굽이 길을 달려 학교 앞에 도착하면 걷기는 없다. 빠른 총총걸음은 거의 뜀박질 수준이다. 교실에는 반가운 친구들이 그렇게 모였다. 선생님의 조례는 늘 그렇게 의례 행사다. 사 교시를 마치면 점심시간이 기다린다. 성급하게 고픈 배는 3교시를 마친 쉬는 시간에 번갯불처럼 빠르게 도시락을 비운다. 선생님은 창문 열라 성화다. 수업하려니 음식 냄새가 불편하다. 수업을 마치면 밥통 들고 분식집으로 향한다. 컵라면에 밥 말아 먹기는 세상에서 가장 맛난 음식이다. 스테이크 고기 부럽지 않다. 귀가 길에는 테트리스 게임 한 판하면 배도 가벼워지고 하루의 스트레스도 사라진다. 야간 자율학

습 시간이다. 말이 자율이지 거의 반 강제다. 명문대학 입학이 목표인 고교 시절의 일상이다. 가족 사랑으로 버텼던 시간들이다. 모두가 잠든 시간에 집으로 향한다. 버스에서 들려오는 밤을 잊은 그대에게 처음 노래는 하루를 열심히 배운 우리에게 꿀처럼 달콤함을 준다. 잠시의 여유라지만 지금 생각해도 감사와 멋진 추억의 한 페이지는 그때 그 노래다. 지금은 7080으로 뒤편으로 밀려나 있지만 성인은 듣고 과거를 회상하기에 안성맞춤이다. 노랫말이 시적이다. 노래 한 곡을 암송하면 시 한 편 읊는 거다. 서정적이고 서경적인 구슬같이 아름다운 말들은 따라하는 이의 마음까지 깨끗하게 정화한다. 노래 따라 그 시절로 돌아가면 아련하게 다가오는 회상의 장면에 묻은 꿈과 희망이 떠오른다.

어른이 되어도 간직하고 픈 소년의 꿈이 있다. 노년에도 동요를 흥얼거리며 동심을 소환하는 건 그 약속을 지키려는 몸부림이다. 세상이 변해서 언제든지 시간여행을 할 수 있어 행복하다. 변하지 않은 노랫말에서 세상이치를 잠시 거슬러 반항도 한다. 노랫말을 전하는 가수의 외형은 세월 따라 변했다. 대부분 목소리도 따라 달라진다. 청춘의 모습과 목소리를 그대로 보존하고 있다면 그 모습은 고전과 같다. 인생무상의 진리를 뚫고 변하지 않는다는 건 모두가 변하는 세상에서 감탄을 받을 가치가 있다. 대부분은 세월과 동행한다. 이왕 변한다면 멋지게 달라지자. 맑고 깨끗하게 살자. 시간이 그 맑음만큼은 덮지 못해 늙어져도 환하고 밝은 표정이 주름을 누른다.

동기의 저녁 모임

입사 동기의 저녁 모임이다. 25년 전에 맺은 인연으로 만남이 유지되는 건 추억을 공유하고 살아가려는 마음 때문일 것이다. 와인과 친구는 오래 묵을수록 좋다고 하지 않는가. 마음과 정신은 그 때와 별반 다르지 않다. 개인의 관계도 크게 변화가 없는 편이다. 관계에서 작은 변화는 먼저 퇴직한 형들의 위상이다. 모임을 주도하던 옛 모습은 이제는 찾아보기 어렵다. 말을 해도 귀담아 들어주는 이가 없다. 마치 한 때 광야를 호령하던 사자가 나이 들고 기력이 빠지면서 그 자리를 쓸쓸히 물러나야 하는 것처럼 말이다. 동기들의 반응이 이러하니 퇴직한 형들도 조금 시간이 지나면 그 반응을 느끼고 그렇게 동기 모임에서 마저도 자리를 내려놓아야 하겠지. 생로병사의 인생길에서 시간이 덮어버리는 사건들이 얼마나 많은가 반추해본다. 피할 수 없는 운명이자 숙명이 인간 삶의 모습을 결정짓더라도 그 굴레를 받아들이면서 꿈을 꾸는 인간이야말로 수동적으로 받아들임을 넘어서 운명의 수레바퀴 굴레를 활용한다. 생명체인 인간이 살아가는 동안 인간을 둘러싼 자연환경과 물리적인 법칙에 따라 관계하고, 서로 좋고, 이익이 되는 선한 관계를 만들기 위해서 좀 더 많이 베풀고, 의도적이라도 나누고, 공경하는 삶의 태도로 사랑하고 성장하자. 넉넉하게 베풀면 건강도 좋아진다. 그렇다.

가을이 오면

세월 따라 계절의 좋음도 변한다. 어릴 땐 여름이 좋았다. 물장구도 치고 달콤한 과일을 마음껏 먹는 기쁨이 있었다. 모기가 좋아하는 체질이라 힘들기도 했다. 여름은 방학이 있어 좋았다. 봄도 좋다. 만물이 소생하고 알록달록 꽃들의 향연을 보면 마음이 동화된다. 움츠렸던 몸이 기지개를 펴느라 춘곤증을 물리치는데 힘을 썼다.

젊은 시절 느끼는 가을의 정취는 쓸쓸함이다. 찬바람이 불어오기 시작하면서 길가에 뒹구는 낙엽들이 열정의 모래를 쓸어버린다. 객지에서 느끼는 외로움과 추위와 함께 찾아오는 감기들은 몸도 마음도 움츠리게 한다. 그 가을이 이제 좋다. 만물이 긴 휴식을 준비하는 계절이 주는 상념의 기회가 좋다. 가을은 독서의 계절이다. 한국의 가을은 높고 파란 하늘이 있다. 흐리고 비 내리는 외국과는 차원이 다르다. 생명체가 꼭 필요한 활동들만 남기고 하나 둘 버리고 가볍게 옷을 벗는 가을에는 무소유의 삶의 지혜를 배운다. 핵심만 남기고 불필요한 가식은 던져 거리를 둔다. 열매는 단단해지고 수확의 기쁨을 준다. 추수에는 농부의 땀과 하늘과 땅 그리고 바람의 자연이 어울려 풍요로운 결실을 맛본다. 겨울을 준비하는 가을은 느림, 풍요, 절제, 결실, 내실, 핵심이다. 혼자 걷는 인생길이 외롭다 해도 포기할 수 없다. 가볍고 자유를 맘껏 누리며 자신과의 속 깊은 대화를 나누는 가을 선물을 기꺼이 받아들인다. 코스모스 핀 가을 길을 걷고 싶다.

인간 생존에 필요한 요소는 의·식·주다. 음식물을 섭취하지 않는 단식은 생명활동을 중단하겠다는 결연한 의지의 표현이므로 단식은 저항의 의미를 내포한다. 부모님에게 저항하는 의미로 자식이 단식을 선언하기도 한다. 아들과 딸은 단식을 통해 부모의 마음을 아프게 하고자 하는 의도를 실현코자 한다. 식사는 원초적인 생명 활동이므로 동물의 세계에서도 약육강식이 잔인하지만 용인된다. 강한 자가 배고파서 먹는 음식으로서 약자의 생명을 죽이는 행위가 정당화된다. 이처럼 생명 활동은 본질적으로 인식하든 못하든 관계없이 자연에 위해와 피해를 준다. 야채의 재료인 풀 한 포기, 고기 국의 소재인 동물의 생명이 녹아 있음을 알아차리고 음식을 절제하고 꼭 필요한 만큼만 섭취하는 행위야말로 자연 사랑의 시작이다. 현대는 먹는 걱정이 없는 사회처럼 보인다. 먹다 남은 음식들이 버려지고 필요 이상으로 과도한 영양을 섭취하는 현대인에게 비만이 따라온다. 오래만에 만난 친구는 전공과 관련 없는 과학 서적을 읽는 재미에 푹 빠져 있다고 한다. 친구의 장난감은 과학책이다. 요즘의 재미는 좋은 사람들과 즐거운 점심을 함께 하는 거란다. 달력에 점심약속을 표시해 두고 그 날을 기다리는 설렘으로 행복하다는 친구의 모습을 보며 세월의 흔적을 느낀다. 친구도 젊을 때는 완성하고 달성하기 위해 열심히 달렸을 텐데 인생의 변곡점에서 소박하고 가벼움이 유쾌한 걸 깨친 거다. 때에 맞춰 변화하고 살아가는 친구의 모습이 멋지다. 젊을 땐 점심을 먹고도 돌아서면 허전했는데 적게 먹어도 든든한 중년에 느끼는 포만감은 소년은 느끼지 못할 원숙함이다. 즐거움을 함께 하고 손 흔들며 돌아서 총총걸음으로 서두른다.

작은 일상

결혼식의 축하와 장례식장에서의 조의를 표하는 모습이 산발적이고 개별적으로 변하고 있다. 축하객이나 조문객이 한자리에 모여서 음식을 함께 먹던 습관도 이제는 추억속의 한 페이지로 남았다. 이런 모습들이 앞으로 정착하게 될지 아니면 다시 예전의 모습으로 회귀할 것인지의 선택은 전염병의 깊이와 빈도에 따라 좌우될지도 모르겠다. 인간이 선택을 할 수 있다고 가정해보자. 합리적인 인간이라면 충분히 비용 편익 분석을 통해서 습관을 재정립할 수 있다. 검소하고 조촐하게 장례를 드리고 모셨던 기억이 있다.

할머니는 세상을 떠나는 시점에 딸 둘만 두었다. 장례식에 참석한 분은 모두 친척이다. 생전의 모습과 생활 신념을 추억하면서 밤을 새웠다. 너나할 것 없이 간소하게 음식을 차려서 각자 해결했다. 꽃을 좋아하셨기에 생화로 예쁘게 장식했다. 손님이 없으므로 오롯이 추억하는 시간들로 떠나는 길을 수놓을 수 있었다. 사무실에는 할머니의 죽음을 알리지 않고, 휴가를 신청했으므로 주변사람이 알 수 없었다. 우리는 장례식에 참석해서 시끌벅적하게 밤을 새워야 상주와 살아있는 사람에게 위로를 한다고 지레짐작한다. 내려오는 관습이다. 결혼과 장례식장에서 그동안 만나기 어려웠던 지인들과 인간

관계를 확인하고 돈독히 한다는데 반대할 이유는 없다. 만남이 좋다면 그 만남에 충실해도 아름답지 아니한가. 꼭 음식으로 대접하고 과음을 해야 하는가 말이다. 따뜻한 차 한 잔도 만남을 통한 기쁨과 위로의 감정을 전달하는데 충분하다. 코로나 때문이 아니라 합리적인 인간의 주체적인 선택으로 작은 결혼식 문화와 검소한 장례 의식이 가능하다.

작아도 부족함이 없이 품격 높게 표현한다. 작다 크다는 관념도 모두 인간이 만들어낸 인식작용의 결과일 뿐 작고 큰 게 따로 있는 게 아니다. 의미를 발견하고 그 의미가 껍데기의 근본이라면 고집할 만한 가치가 있지 않을까 싶다.

함께 사랑

노년의 사랑이 청춘과 달라 그 대상이 넓다. 그가 방문하는 날이다. 기다리는 일은 차근차근하면 된다. 때를 기다려야 하는 일이다. 공항에서 호텔까지 이동하는 길이다. 주변 풍경이 다르니 이국적인 느낌을 물씬 풍긴다. 푸른 초원을 배경으로 달리는 기분은 색달라 피곤함도 잠시 잊게 한다. 밤낮이 바뀌어서 금세 피곤이 몰아친다. 때가 저녁이니 식당에서 음식을 주문한다. 메뉴도 낯설고 식욕도 받쳐주지 않는다. 커피를 마실 심산으로 메인 요리를 주문한다. 반가워서 미소 짓는 모습은 천상의 어린아이다. 말없이 느낌을 주고받으니 사랑이 깊다. 음식을 귀하게 먹고 호텔 방으로 향한다. 방 거실 테이블에는 와인 한 병 놓여 있다. 피로 풀기에는 와인 한 잔도 좋다. 그는 와인을 즐기지 않는다. 귀한 커피는 즐겨 바리스타래도 민겠다.

시차 적응이 되지 않은 탓에 새벽에 눈이 뜬다. 외출도 포기한다. 어둡고 깜깜하니 체험 거리도 마땅찮다. 낯선 곳이니 치안도 알 수 없다. 다시 잠을 청해 보지만 몸은 이미 아침이다. 누워 눈감고 보낸 시간은 밝은 창이 멈춘다. 빈속으로 차에 올라 새로운 자연을 맞으러 출발한다. 시원하게 뻗은 도로에는 차도 없어 한적하다. 도로 가장자리 휴게소에는 달랑 테이블 하나다. 주차공간도 넉넉하니 여유롭다. 김밥과 따뜻한 차로 추위를 녹이고 둘러보니 푸른 초원이 겨울을 시샘한다. 이제 더 달려보자. 푸른 초원에 그림 같은 집을 배경으로 달려 도착한 자연은 물과 돌과 눈이다. 호수와 흰 눈으로 덮은 돌산은 인간에게는 그 본래의 모습을 감춰 보여주지 않겠다는 결심이 섰다. 안개와 구름으로 은폐한다. 많은 사람이 방문하고도 그 모습을 보지 못하고 돌아선다. 자연도 인품을 살펴 알아보는가. 선한 사람들과 어울려 방문한다 치면 그 구름도 안개도 걷어 버린다. 자연도 맑은 사람을 품어 느끼고 싶은 거다. 자연이 베푸는 선물을 만끽하고 즐긴다. 대자연의 그림 같은 풍경을 마주하며 인간은 작고 왜소함을 체험한다. 자연에서 인간의 본 모습을 바라본다. 경외한 마음 담아 돌아오는 길은 어둠이 내린다. 길가 자판기에 온기를 보충한다. 귀가를 알리는 전화 모습에 가정에 사랑 받는 가장이라 칭찬이다. 가족과 함께 인사와 교제를 나눈 몇 안 되는 귀한 분이다. 이제 잠시 일을 내려놓고 충전의 쉼표를 찍는다. 추억으로 가득한 분이 여유 있게 지내도록 틈나는 대로 안부를 전하고 여쭐 마음이다. 그 분과 함께 한 길과 나눈 말이 정겹다. 관용을 공부하시니 노년도 멈춤이 없는 배움이다. 새 부름이 있기까지 기다림의 미학도 알고 있다. 한 사람을 그리워해 보자. 그 사람과 나눈 사랑이 추억으로 변해 온전하게 안내한다.

어린 돼지 다시 찾기

처음 비행기를 탄다. 비행기 타보지 못한 사람도 많다니 이런 경험마저 감사하다. 구름 위를 걸어 신선이다. 파란 하늘은 맑아 마음도 따라 푸르니 동심의 세계로 날아든다. 흔들리며 요동치니 놀이동산에 왔다. 의자 옆 컵이 천정을 치니 죽음의 신이 가깝다. 평화와 전쟁은 멀리 있지 않다. 천운이 따라 먼 나라를 짧게 누린다. 고적이 보이는 오래된 작은 식당에 도착한 날은 더위가 기승을 부린다. 더워도 유명한 음식 맛을 보려 줄을 섰다. 주인장은 목에 큰 메달로 뽐내고 있다. 경연대회에서 받은 상인데 역사와 전통이 있어 귀한가보다. 음식 맛 평가에 높은 점수를 달라는 무언의 압력이다. 멀리서 찾아 왔으니 가격은 무시한다. 마시는 물에도 가격을 지불한다. 수로를 옆에 두고 음미하는 어린 돼지로 요리된 음식 맛을 느껴보기에는 아직 어리다. 불쌍한 마음과 복잡한 심정은 맛에 집중하지 못하고 겨우 분위기만 익힌다.

세월이 흘러 방문한 그곳은 그 위치 그대로다. 시간은 달랐으나 공간은 그대로다. 날씨가 덥고 건조하니 달리 변함이 없다. 가족과 동행하니 달라진 건 이 정도다. 이제는 성장한 어른인가. 맛도 느끼려 애쓴다. 맛을 알게 될 쯤 이제는 다른 하나를 느끼지 못한다. 인생이란 이렇게 완전하지 않다. 하나를 얻으니 바로 하나를 놓아야 한다. 두 개를 모두 손에 쥐는 행운을 기대하기란 욕심이다. 불완전한 곳에서 그 나름의 완전을 추구하는 삶이다. 끝임 없이 완전에 도달하려 몸부림쳐 보지만 결국은 그렇게 미치지 못해 부족해 아쉬움이 생의 모습이다. 부족한 대로 불완전한 대로 그냥 그렇게 받아들이자. 당신의 모자람은 누군가의 사랑으로 채울 테니 넘치는 그대는 또 다른 사람의 등불이 되면 족하다.

우 리

대화나 표현에 너, 나 보다 우리를 많이 쓴다. 우리나라, 우리 집으로 명사를 꾸미는데도 우리를 쓴다. 집단을 우선하는 문화라는 반증이다. 공동체 의식이 발달한 탓이라고 착각하기 쉽다. 집단이 앞서다 보니 개인은 숨어 있다. 자신을 내세우면 부끄럽고 점잖지 못한 행동이라고 생각한다. 겸양의 미덕이 집단 앞에서 왜곡되어 나타난다. 우리는 울타리를 공유한다는 의미를 내포하는데 너와 나를 하나로 묶어서 동일화하니 내용을 담는 언어 그릇이다. 결론을 내고 보니 왠지 꺼림칙하다. 우리라는 단어에서 내포하고 있는 집단주의와 그대와 공동체의 합일에 중요한 앙꼬가 빠져있지 않나 살펴본다.

비유적인 사례를 소개한다. 동양은 서구에 비해 인간을 존중하는 전통을 가진다. 사람을 믿고 사회 제도를 설계하는 단계에서 정치하게 규정하지 않았다. 사람이 알아서 잘하겠지 믿어 대충 설계한다. 법치주의가 뒤처진 이유다. 계약서나 법 규정을 꼼꼼하게 적시할라치면 왠지 인간미가 없어 보이고 사람을 불신한다는 오해를 받을 것 같은 두려움이 앞선다. 대충대충 정하고 해석으로 보완하자는 인식이 강하다. 제도로서의 민주주의 발전이 꽃피우지 못하는 근저에는 법치보다 인치를 앞세우는 문화가 자리하고 있다. 사람 존중은 이렇게 역설적이게도 사회에 접목되면서 다른 양태를 보인다. 수단적 가치와 목적가치를 구분하는 지혜가 요구된다. 인본주의는 제도를 통해 달성해야 하는 인문적 가치인데 수단으로 도입해서 운용하다 보니 생기는 사회 부작용이다.

집단주의도 탄탄한 개인주의가 바탕 없으면 사상누각이요 집단이 개인을 눌러 개인의 존재를 찾기 어렵다. 너와 나 없는–존재하지 않는– 우리가 되어서는 안 된다. 건강한 그대가 바로 서야 공동체도 성장한다. 집단주의가 건강한 공동체 의식으로 자리 매김하기 위해서는 합리적 개인주의를 스스로 정립해야 한다. 건전한 그대가 있어 함께 손잡고 우리 세상을 펼칠 수 있다. 이기주의가 아니다. 진정 나를 사랑하는 자 그대는 이타주의자다.

공간 이동 끈

만나기 전 너는 대사관 귀퉁이 가장자리 모서리에 다소곳이 자리 잡았다. 한 점의 흠 없이 단정하다. 주인은 떠났고 대리인이 소개한다. 그렇게 우리의 인연은 시작한다. 미지의 세상을 제대로 살펴 안내한다. 구석구석 들러 알게 되는 기쁨은 너로 받은 선물이다.

따뜻한 봄날의 햇살이 그리워 돌아본 한적한 시골 마을은 파란 새싹 풀들이 힘차게 땅을 박차고 있다. 멀리 보이는 하얀 눈 덮은 산은 어서 오라 몸짓한다. 한걸음에 달려 보니 그곳도 사람 내음 나는 곳이더라. 마을 중간을 가르는 시냇물은 물소리가 우렁차 마치 폭포수가 내달리는 길이다. 길가는 기찻길이다. 눈으로 길이라도 막힐라치면 다른 세상과 연결하는 유일한 파이프라인이다. 외길로 만든 선로는 이곳이 외딴 산골 마을이라는 고백이다. 산속 깊은 마을은 굽이굽이 산길을 넘어야 보고 느낄 공간이다. 작은 마트와 귀여운 음식점들이 모여 있다.

시내명소는 카페들의 터로 관광객들의 휴식처다. 마치 비둘기들이 앉아 모이를 쪼는 모양이다. 외곽에는 숙소들이 둘러싸 그야말로 관광지다. 마을에 있는 단골집은 세계에 있는 패스트푸드(fast food) 음식점이다. 달랑 햄버거만 먹고 앉아 있기 미안하다. 창가로 보이는 쉽게 보기 어려운 만년설이 덮은 산이 뿜어내는 자태를 창가로 보는 기쁨이 크다. 음식 맛보다는 분위기가 최상이다. 가게를 나와 직선으로 거닐면 버스 정류소 마당과 기차역을 만난다. 표를 구입하고 산악열차에 올라 사시사철 단단한 얼음으로 자연이 만든 동굴에 다다른다. 느끼고 돌아봐도 너는 언제나 그 자리에서 자리를 지키고 있구나. 어둠이 내려오니 귀갓길이 급하다. 발걸음을 재촉해 서두르니 늦지는 않았다. 돌아오는 어두운 길도 굽고 가파르니 천천히 주변을 느껴보기에 안성맞춤이다. 한밤중에 이 길을 넘나든 어느 예전에 보름달이 둥글고 환하게 밝히니 대낮이라도 믿겠다. 스치는 풍경에 집 굴뚝에 연기 오르니 저녁밥이 익어간다.

무심한 안내판과 밤낮으로 그 자리를 지키는 자연은 언제나 정겹다. 호수가 꽃 정원 바로 옆에 우거진 나무로 성을 쌓은 곳에 쉼터가 있다. 늦은 시간 그 주변에만 다다라도 마음이 편하다. 비가 퍼붓는 밤길을 내달기도 했다. 칠흑 어둠 속을 두 눈의 불빛에만 의지해 기어간 적도 있다. 땡볕에 쏟아지는 햇살도 견뎌 호숫가로 안내도 했다. 동고동락으로 친해져 떨어지지 못한다. 배를 타고 장시간 항해해서 도착한 이곳에도 인연을 지속하니 가족이나 다름없다.

직장과 집을 정기적으로 오고 가니 눈감고도 찾아가겠다. 휴일이면 여행지로 이동하니 한결같아 감사하다. 인연의 끈이 오래 지속되었으면 좋겠다.

미안하다는 것

미안하다는 감정은 상대방을 응대하면서 부끄럽고 자신의 마음이 편하지 않은 상태를 말한다. 한자로는 미치지 못할 '미', 편안할 '안'의 합성어로 자신의 기대치에 미치지 못해 마음이 편하지 않은 마음 상태를 의미한다. 미안하다는 감정은 따지고 보면 자신이 설정한 기준치에 미치지 못해 표현되는 언어다. 상대에게 미안하다는 내용을 보면 화자의 기준과 사회적인 통념이 미안함의 기준이 된다.

자신을 신뢰하고 인간에 대한 존중감이 높은 사람일수록 미안하다는 말에 인색하지 않다. 서양인은 살짝 스쳐도 미안하다는 말(I am sorry)을 입에 달고 산다. 그렇다고 미안해할 사건들을 많이 만들라는 뜻은 아니다. 미안하고 죄송하지 않을수록 좋다. 상대의 역할 기대에 충실하게 응대하고, 상대방의 배려나 친절도 흔쾌히 받아들이면 미안해할 필요도 없다. 상대의 친절에 상응하는 보답을 할 수 있는 수단이 있는 사람이라면 미안하다는 말보다는 상대의 호의에 응대할 것이다. 상대의 친절을 받은 사람이 마땅히 그 친절에 보답할 방법이 막연할 때나 일방적으로 부탁하는 상황에 직면해서 미안함을 더한다. 미안하지만, 이 일을 언제까지 정리해서 보고해 주면 좋겠다든지, 이 일을 보고 받아도 그에 상응하는 보상을 해줄 수 없을 때 자연스레 미안하다는 감정이 일어난다. 따지고 보면 미안하다는 감정은 부족하다는 의미를 함축한다. 자존감이 낮은 사람은 자신을 더 낮출 수 있는 여력이 없어 낮추기에 인색하다. 자기 신뢰성이 높은 사람일수록 자신감을 가지고 자신을 낮춘다. 사랑한다, 고맙다, 미안하다는 세트로 활용한다. 말로만 미안하다고 하면 다냐고 빈정거리는 이도 있지만, 최소한 말로 표현하는 사람은 인간의 양심을 지켜 노력하는 거다. 미안하다는 말 한마디에 그 사람의 마음이 작용하였다. 진실한 마음에서 표현된 말 한마디에 진정성을 느낀다. 더 해주고 싶지만 이만큼만 해주지 못해 미안하다면, 부족함을 넘는 감사함으로 채운다. 약간의 부족함은 미안함으로 채워보자. 미안함은 감사함으로 바꿔 체험하게 된다.

미안함을 인식한 사람은 그 부족함을 알고 있으므로 모자람을 채우기 위해 성장을 위한 노력을 아끼지 않는다. 미안함을 아는 사람이 사랑받고 성장하는 이치다.

하루: 2020년 5월 어느 날

이날은 누군가 태어난 날. 눈물 한 방울로 사랑을 확인한 날. 짧은 떨어짐을 받아들인 날. 고생을 사서 하기로 한 날. 새 인연을 기대하는 날. 혼자 걸어가는 날. 이날은 입학한 날들을 추억한 날. 새로운 환경에 적응을 시작하는 날. 학교 뮤지컬 우리는 하나의 세계(We are the world)를 춤과 음악으로 강단을 수놓던 날. 10시간 운전한 날. 저녁을 늦게 먹은 날. 지금쯤 뭐하고 있는가를 반복해서 흥얼거린 날. 자연이 아름다운 날. 점심 맛 집 찾아간 날. 현금만 받는 식당 입구 자리에서 밥 먹은 날. 분위기가 좋은 커피숍에서 화장실 간 날. 새벽에 일찍 깬 날. 노래 바보를 흥얼거린 날. 첫 방문지를 가족과 함께 한 날. 몽트뢰가 생각난 날. 귀인의 전화 받은 날. 감사하는 사람을 만난 날. 입영 날.

인간실격

인간실격 주인공은 익살스럽다. 본성과 어긋난 웃음이라서 두렵고 불안하고 뭔가 섬뜩하다. 웃음이 가진 천진난만함과 어린이처럼 맑은 속성은 찾아보기 어렵다. 내면의 진실과는 딴판인 외면의 거짓 웃음은 내면과 외면이 일치하지 않아 불안하고 두렵다. 불안은 일치하지 않는 곳에 기생한다. 내면과 외면의 불일치로 서로를 알지 못한다. 내면과 외면 간에 이해를 어렵게 하고 불안과 두려움의 원인이 된다. 불안과 두려움으로 가득한 사람은 쓸쓸함에 이끌린다. 쓸쓸함이 주는 고독감과 외로움은 철저하게 자신을 고립시켜 오히려 편안함을 느끼고 행복감을 준다. 인간실격은 저자의 인생을 소설로 표현한 것으로 보인다. 특이하기는 도입부터다. 주인공이 촬영된 3장의 사진을 묘사한다. 첫 번째의 사진은 청년기의 웃음을 묘사한다. 그 웃음은 불안과 우울감 그리고 두려움이 포함된 썩소라고 할 것이다. 장년기의 웃음 사진은 그 불안이 더 심화된 모습이다. 마지막 사진에는 웃음이 없다. 저자는 한 인간의 내면과 외면의 불일치에 초점을 둔다. 내면의 진실과 다른 외면의 웃음은 주인공을 둘러싼 주변인들을 위한 거짓된 웃음이다. 웃음을 지어내면서 주변인들을 즐겁게 하고, 나중에는 기만하는 수단으로 익살을 꾸민다. 거짓

익살이 깊어질수록 주인공의 외면과 내면의 불일치는 더 깊어진다. 내면의 진실과 다른 외면의 익살은 그 간격이 커질수록 불안과 두려움이 증폭된다. 저자는 불일치에서 오는 불안과 두려움에 주목한다. 실존주의 철학에서 알 수 있듯이 인간은 서로 다른 가치관과 경험으로 살아가기에 서로를 이해한다는 것은 불가능에 가깝다. 한 인간의 내면과 외면도 이와 같다. 인간의 환경에 둘러싸인 유기체적 존재이므로 환경에서 자유롭지 못하다. 외부의 환경에 끝임 없이 자극받고, 그 자극에 반응해야 하는 인간은 어쩔 수 없이 환경과 외면의 활동에 영향을 크게 받을 수밖에 없다. 결국 내면의 진실과는 거리가 멀어진다. 간극이 커질수록 진실을 덮어두고 모른 채 지난다. 진실과 먼 가식덩어리를 신봉하게 되면서 내면의 진실을 잊어버리게 되면 알 수 없는 불안과 두려움에 사로잡힌다. 가식이 진실을 덮어 진실처럼 인식하게 된다. 삶은 가식으로 살아가기에는 너무나 불안하다. 진실한 삶이야말로 평화와 안정된 삶을 살아가기 위한 필요충분조건이다. 저자는 내면과 외면의 불일치를 계속 강조한다. 불일치가 주는 불편함을 독자에게 반복해서 전달하고자 한다. 내면의 진실에 눈뜨고 거짓 없는 삶을 살아가라는 저자의 메시지를 독자에게 던지고 있다.

소경진중(小輕眞重), 작고 가벼워서 한 점보다 더 작은 미물이 너무나 가벼워서 진실로 무겁고 진중하다. 가벼워 바람에 쉬이 날아가 버릴 것만 같아도, 그 진중한 무게감은 오랫동안 평강에 머물게 하는 힘이 있다. 생각이 정지되고, 호흡마저도 깊어 숨소리도 들리지 않는 경지다. 경박하고 가식으로 익살떠는 두려움에 휩쓸린 존재가 아니라, 철저하게 내면에서 우러나는 가식이 없어 얼굴에 모양 짓지 않는다. 내면의 모습이 그대로 외면에 표출될 뿐이다. 내면의 쓸쓸함이 투사한 외면은 차가움이고 고독하다. 내면이 그렇다고 외면에 바로 드러나지 않아도 좋다. 드러나도 드러나지 않아도 그런대로 좋은 거다. 정지된 생각만큼 정지된 호흡, 정지된 세상, 인생무상 모든 것이 변화하는 인생에서 가끔 이렇게 정지된 순간을 느끼는 것은 영원으로 향하는 단초가 된다. 정지된 순간 모든 것들이 인생무상을 그대로 볼 수 있다. 내가 정지된 순간 주변의 움직임을 생생하게 느낄 수 있다. 멈춰 서서 자연과 인생을 느껴보자.

꽃

어린 시절 꽃은 사치였다. 꽃 하나 구입하면 실용적인 물품을 살 수 있는 기회를 놓치게 되니 꽃도 마음대로 구입하진 않았다. 작품 전시회를 가면서 꽃을 사는 습관이 생겼다. 대학입구에 있는 꽃집에서 장미꽃과 안개꽃 다발을 받아 걸어가면 시인이 되곤 했다. 만날 때 마다 꽃을 선물하니 꽃집인줄 착각할 정도다. 꽃을 선물하는 행위가 좋았지 그 꽃이 아름다워 눈을 떼지 못하게 바라보는 그런 소년은 아니었다.

책상에 두고 너를 바라본다. 장미꽃인데 흰색, 붉은색이 아름답고 파란 꽃잎도 새순마냥 청초롭다. 흰색을 치고 올라오는 꽃은 이름은 알 수 없다. 흰 다발에 부끄럽게 피어나는 연붉은 새순은 꽃망울이래도 믿겠다. 노란색 꽃임은 그 크기가 장미꽃의 서너 배는 된다. 코스모스 같으나 작은 해바라기 같은 느낌이다. 형형색색 꽃이 모였으니 그야말로 어셈블리 플라워답다. 어디서 자란 꽃이 이렇게 예쁠쏘냐. 그 인연의 끝을 나와 함께 책상에서 만나게 되니 감사하고 고맙다. 미안하다. 생명의 맑음을 인간의 기쁨을 위해 꺾여서 이렇게 화분에 비닐포장으로 둘러싸여 답답키도 하겠다. 식물이라 아픔을 모르겠나. 자연의 일부인데 아프고 힘들기는 꽃이라고 다르지 않다.

어렵고 힘든 과정을 흘려버리고 항상 예쁜 모습으로 자연을 정화시켜 주는 꽃이야말로 대단한 내공을 가진 자연 속 생물이다. 본성인지 예쁘지 않은 꽃이 없다. 꽃을 닮고 싶다.

달을 보고 별을 바라

자연과 하나라는 걸 눈치 챈 그대다. 풀 한 포기 꽃 한 송이에도 걸음 멈춰 눈 맞춘다면 이미 풀과 꽃은 당신이다. 한 송이에 매달린 우리는 한 뿌리다. 사랑은 하나를 확인하고 정착하는 당신이다.

살면서 죽은 것과 같아서는 안 된다. 생각이 굳어지면 정신이 죽은 거다. 죽음은 신체의 기관들이 움직이지 않고 정지하는 상태다. 정신이 굳어 새로운 지식을 받아들이는데 인색하다면 정신은 노년인 거다. 마음과 정신이 어린 동심처럼 순수해 새파란 하늘에 떠다니는 구름 같아야 한다. 바람이 불어 솜사탕 날듯 새 지식의 변화에 깃털처럼 움직여 맞춰 따르자. 지식뿐만 아니다. 사람과 자연에 무뎌지면 죽음과 가깝다. 살아있는 시스템은 외부 환경과 끝임 없이 상호작용하는 개방시스템이다. 당신이 친구들과 사람과 자연의 생물들과 교감하지 않는다면 그 삶은 반쪽짜리다. 진정한 빛은 사랑이다. 눈물 한 방울에 담긴 따뜻한 체온이 전달되는 순간, 용서와 관용 그리고 화해, 그 자리에만 집착하는 사람들마저도 이해하고 포용하고 용서하고 안아줄 수 있는 관용이다.

상대의 행동이 중요하지 않다. 오직 당신의 사랑만이 당신을 구제하는 등불이다. 상대의 눈물은 당신의 사랑을 촉발하는 불씨가 되어

준 것뿐이다. 오직 당신의 사랑만이 평화로 안내한다. 인간은 유유상종이라서 함께 어울려 때 묻기도 쉽다. 사랑 넘치는 이들과 친구 삼기를 즐겨라. 사랑 주머니는 더 커질 것이다.

선 물

한자어 사랑 애의 문자 내용을 뜯어보면 마음을 담아 물건을 건네준다는 의미다. 감사한 마음이 일어날 때 가장 좋은 방법은 감사하다는 말로 표현하는 것이다. 진심을 담아 전하는 말에는 울림이 있기 마련이다. 표정 하나, 몸짓 하나로도 감사함을 표현하는데 충분하다. 말이나 표정으로 받은 고마움에 상응해서 너무 적다고 느낄 때 우리는 물건으로 사의를 표현하려 든다. 가장 쉽게 떠오르는 방식은 돈이나 상품권을 봉투에 담아 전하는 거다. 예전에는 가끔 볼 수 있던 감사표현방식이다. 현대 자본주의 사회에서 돈이나 상품권은 거래의 징표가 되므로 구매자의 선호에 합당한 선택을 가능하게 하므로 소위 소비자의 효용을 높여준다. 현금이 상품권보다 더 선호되는 이유는 소비자의 선택에 제약이 없다는 점에 있다.

돈이나 상품권 선물은 지금 시대에는 합당하지 않다. 법·제도적으로 감사 표현으로 적정하지 않다는 판정을 내렸기 때문이다. 사회의 합의에 근거를 둔 것이므로 공동체의 결정에 따라야 한다. 물건도 마음대로 줄 수 있는 시대는 아니다. 손 편지와 함께 보내는 작은 공책이나 학용품은 감사 표현으로도 크게 제약이 없을 듯싶다. 어쨌든 예전처럼 마음 가는 대로 선물을 나눠주던 시대는 이미 지났다. 감사 표현도 공동체의 가치를 고려해야 한다. 지금의 시대정신이 일반화되어 우리 사회 구성원들에게 내면화된다면 감사선물을 나누는 모양은 보기 어렵겠다. 사회가 청렴해지고 깨끗해지면 선물로 가치를 배분하는 영향이 없게 된다. 결과적으로 선물을 교환하기 힘든 취약계층에게도 서비스를 공정하게 제공하게 되어 사회 모두에게 좋다. 선물 교환을 금지하는 선택이 정당성을 인정받는 근거다.

상품권이나 물건에 마음을 담는 행위가 금지된다고 감사하는 마음마저도 금지할 필요는 없다. 따뜻한 미소, 마음을 담은 몸짓 인사, 부드럽게 웃는 얼굴로 감사를 표현하자. 감사는 사람의 마음을 맑게 정화한다. 감사하는 사람의 마음을 평안하게 하고, 그 평화가 인지능력과 태도에도 긍정의 영향을 준다. 상대방의 친절을 감사하게 느끼고 받아들이는 당신은 충분히 사랑받을 자격을 가진 사람이다. 사람의 친절과 배려 나아가 작은 물건 하나에도 감사를 찾아 끌어내는 사람은 감사의 생명력을 불어넣어 주는 선구자다. 감사를 느끼고 표현하는 사람이 되자. 당신은 감수성이 높은 사람이라 칭찬받게 된다.

감사 표현은 친절을 베푼 사람의 선택을 강화시켜 친절이 사회에 더 많이 넘치도록 해준다. 친절과 배려를 주고받는 행위가 확산되도록 하자. 감사와 사랑이 넘치는 사회에서 이웃들과 어울려 지내보자. 상상만으로도 행복이 밀려온다.

끝과 시작

나는 누구인가, 어떻게 살 것인가, 몽테뉴의 수상록 생각 문제와 생각 그리고 귀결, 정치에서의 비판적 사고(Critical thinking illusion of politics), 추억을 뒤로하고 끝을 새로이 도전하며 시작을 만들어가는 이도 만난다. 그 경계선에서 출발을 준비하면서 잠시 전에 출발한 이의 도전정신을 배운다. 무엇보다 내려놓기와 수양 성찰을 통해 자신의 몸과 마음을 이완시켜준다. 내려놓고 자신과의 싸움을 그만두고 물아일체의 동화와 긴장과 힘 빼는 과정을 통해 회복의 기적을 체험한다. 65세에 정년을 선택한 목사님. 사회가 강요하는 물러남이 아니라 때에 맞는 선택은 용기 있는 자의 축복이다. 세상의 화려함을 뽐내지도 않았기에 뒤로 하는 것도 어렵지 않다. 잘난 사람들도 많지만 주위에 따뜻한 친구를, 내 말 재밌게 들어줄 젊은 청춘이 좋다. 언제나처럼 만나면 반갑고 기다림이 즐겁다. 좋은 사람들로 둘러싸여 좋은 인연을 소개하니 만남은 덤이다. 이래저래 축복받은 인연이다. 사는 기쁨이다. 고(苦)를 제하고도 남는 행복이다. 감사의 표현을 제때에 맞춰 하니 주고도 남는다. 마냥 주고 싶고 그런 마음을 발하니 이 또한 그대 복이다.

좋은 인연을 만난다는 건 기쁜 일이다. 청춘의 데이트가 마냥 즐겁고 좋은 걸 사랑이라 한다. 사랑하는 이와 커피 마시고 함박 먹고 걷는 소소한 일상들이 둘이서 함께 하는 그것이 좋은 거지. 약차의 향을 함께 느껴서 좋고 둘이 같은 곳을 디디는 것이 의미요 추억이다. 멋지고 좋은 모습만 보여주고 싶다. 그렇게 바라보고만 있어도 좋다. 다가가고 싶어도 옷에 묻은 작은 흠이라도 보일새라 조심스럽다. 좋아도 조심스럽게 사랑은 커지고 단단해진다. 가식이 아닌 바에야 조금 멋지게 꾸며본다. 함께 추억하면서 과거로 돌아가는 시간여행을 준비한다. 머리도 예쁘게 단장하고 멋진 꽃향기도 준비한다. 밝은 얼굴과 반가운 마음은 메인 요리다. 어둠이 내린 한강에서 은은한 조명 아래 펼쳐질 이야기들이 설렘으로 기다린다.

비빔밥

비빔밥은 참으로 신기한 요리다. 밥과 반찬을 따로 먹어도 위 속에서 모두 만날 텐데 굳이 비벼서 한꺼번에 먹어야 하나 싶다. 따로 먹는 맛과 또 다른 맛과 풍미 때문일 거라 미루어 짐작한다. 각각의 반찬이 주는 맛보다 함께 어우러진 맛이 다르고 더 좋기 때문에 비벼서 먹는 거겠지. 피아노 바이올린 첼로가 각자 따로 내는 소리는 함께 어우러질 때의 느낌과는 다른 것과 같은 이치다. 시스템이론에서 부분의 합인 전체는 부분으로 환원할 수 없는 그 무엇이 존재한다는 것과 일맥상통한다. 어울리다 보면 나의 경계도 엷어져 자연과 동화되기도 한다. 주고 받아들이면서 주변이 닮아간다. 오래 비비면 개성보다 전체의 속성이 부각된다. 비빔밥은 새로운 맛을 창조하는 데도 수월하다. 고추장으로 매운맛을 미각으로 자극하기도 하고 참기름의 고소함을 전파해도 좋다. 한꺼번에 여러 다양한 맛을 볼 수 있으니 급한 성격에도 안성맞춤이다. 만날 때의 기쁨과 여유 보다 헤어짐의 아쉬움을 감출 때 비빔밥은 딱 좋다. 싫지만 받아들여야 하는 정해진 이별의 눈물을 감추고 의무의 오찬을 비빔으로 건넌다. 비빔밥은 이렇게 아련한 추억과 함께 한다.

만날 땐 양념 하나하나 맛보며 이야기를 풀어보는 정식 코스 요리로 주문하자. 전체요리에서 마지막 디저트까지도 아끼고 남김없이 빽빽 긁어 맛나게 씹어보자. 인생은 비빔밥이 아니라 생로병사의 긴 코스로 꾸며진 여행이다.

인 연

급한 이들이 있다. 운전을 하면 다양한 자동차들을 만난다. 누가 운전하는 자동차인지는 알 수 없으나 과속하는 사람임에 분명하다. 총알이 따로 없다. 바짝 붙어서 뒤따라오는 자동차는 주인이 뭔가에 쫓기고 있는 거다. 그게 아니라면 어딘가에 급히 가고자 하는 마음이 일어난 사람일지도 모른다.

서로 다른 자동차들이 각양각색의 모습으로 도로 위를 수놓는 모습을 보고 있노라면 무지개 색 운전자들을 만난다. 자동차는 운전자가 운전한 대로 움직일 뿐. 고민도 상념도 없다. 생각 없이 움직이는 자동차가 부럽기도 하다. 한편으로는 운전자에 의해 원하지도 않게 세상을 빠르게 느껴야 하는 불편함도 측은하다. 주인이 난폭하니 원하지도 않는 위반을 해야 하고 가끔 상처입기도 한다. 한 번의 사고로 세상과 이별하는 운명을 맞기도 한다. 자동차는 억울하다. 운전자의 난폭함으로 폐차라는 딱지를 받았으니 말이다.

좋은 인연은 좋은 결과를 낳는다. 안정적인 속도를 유지하면서 출발과 정지는 부드럽게 한다. 막 다루지 않는다. 자동차가 충분히 준비할 수 있는 여유를 준다. 상대방을 존중하기에 자신도 안전하다. 흐름에 잘 맞춘다. 흐름이 빠른 곳에서는 그 흐름을 타고, 쉬는 곳에서는 잘 쉰다. 가끔 병원을 들러 정비를 받아야 할 때를 놓치지 않는다. 오일도 부품도 신선함을 유지하니 오래오래 살아도 크게 시끄럽지도 않다. 매연도 심하지 않다. 모두가 자연스럽게 작동한다. 숙련된 장인처럼 부드러움과 자연스럽다. 역할을 다 하고 나면 폐차장까지 간다. 편안하게 부품들을 정리하고 용광로에서 새로운 탄생을 준비한다. 달리는 길 위에서 멈추지 않는다. 자동차가 운전자를 잘 만나야 하는 이유다.

원인이 되는 씨앗과 그 원인이 만드는 결과에 영향을 주는 요인들인 연이 모여 인연이다. 사람과 사람과의 만남과 이별의 인연 못지않게 물건과의 관계 맺음도 소중하다. 옷 한 벌이 마음에 들어서 20년 동안 함께 하기도 했다. 그 옷을 버렸다는 이야기를 듣고 아쉽고 미안함이 컸었다. 이제 때묻은 노트북도 이별의 시점이 왔다. 세상은 기능향상(up-grade)이라는 축복 아닌 축복으로 우리를 갈라놓으려 한다. 느려도 불편함을 느끼지 못한 우리 사이에 빠르고 정확함이 향상된 세상의 창은 비켜가지 않는다. 운명을 받아들여야 하니 인간과 물질의 세계에서 영원함이란 없다. 업그레이드된 내일을 준비하는 자세로 헤어짐을 맞이하자. 또 다른 만남이 기다리고 있다.

혼자 함께

인생길이 혼자라면 외롭다. 함께 걷는 길이 좋다. 인간은 사회적 동물이니 혼자보다는 여럿이 동행하면 서로 도움을 주고받으니 기쁨도 배가 된다. 생일에 받은 축하 손 카드는 정겹다. 컴퓨터 타이핑된 글에 익숙한 세대라 손으로 정성스레 쓴 글씨 하나하나가 정겹다. 사랑이 듬뿍 묻어난다. 한평생 살아도 생일은 몇 번 누리지 못한다. 1년에 한 번 경험하는 생일 축하도 늘 한결같지 않다. 젊을 때는 선물로 물건을 받는다. 부부가 가정을 일궈 자녀를 갖게 되면 생일은 다른 의미다. 딸, 아들이 곱게 써서 전해준 생일 카드는 남다른 감동이다. 카드를 머리맡에 고이 보관했다가 출근길 새벽 추운 가슴에 안았다. 글씨 하나하나가 심장을 울린다. 혼자 걷는 길이 춥거나 외롭지 않은 건 동행하는 마음이 있어서다. 마음과 마음이 어울리니 외롭다는 감정은 떨쳐버린다. 무소의 뿔처럼 혼자서 가라는 경구도 따지고 보면 세상과 하나 된 마음이다. 수행자는 세상과 동행하고 있는 거다.

청춘체험

화무십일홍이라 성하면 쇠하여지는 건 피할 수 없는 세상 이치다. 젊은 시절의 유명인이 훌쩍 늙어버린 모습에서 매력은 겨울에 눈 내려 세상을 온통 하얗게 덮은 것과 같다. 산, 들, 마당, 지붕도 하얗게 덮으니 온통 세상이 하나다. 젊다 뽐내지 마라. 세월은 예쁜 것도 못난 것도 다 덮어버린다. 노년의 황혼은 잿빛으로 물든다. 노년으로 세상에 버텨 존재하니 감사하다. 꽃봉오리 미처 피기도 전에 지는 꽃의 마음이야 오죽하랴. 활짝 피어도 보고 마른 꽃으로 남으니 이 또한 멋지다. 세상에서 견뎌 오랫동안 살아라. 노년을 맞지 못하고 지는 청춘은 추억하기도 어렵다.

돌아보기 좋은 세상이다. 여행지에서 빠지지 않고 촬영하는 사진은 세월 흘러 두고두고 보려는 몸부림이다. 사진은 그 순간 느낌의 단초를 제공한다. 사진을 촬영할 이유가 없다. 디지털 세상에 경치를 담은 사진은 널려있다. 추억으로 무얼 회상하려는가. 단지 경치를 보고 싶어서 아니다. 순간의 감정, 느낌, 체험, 바람 소리, 바람이 지나는 당신 촉감, 오롯이 당신이 느끼는 그것 때문이다. 청각, 촉각, 후각, 온몸의 육감을 총동원해서 느낀 그 감정과 기억을 간직하고파 사진을 찍는다. 먼 세월 흘러 사진 한 장 달랑 보면서 그때 그

시절의 감정과 기억 그리고 의지까지도 소환한다. 당신이 여행지에서 사진으로 담아두어야 할 것들은 그대다.

고향 노래

고향 노래가 70년대 유행한 건 우연이 아니다. 도시화 산업화로 고향 떠나 도시로 모인 사람들이 그리워 마음 달래던 노래다. 먹고 살기에 바쁜 일상에 고향을 다녀가기란 꿈같은 소망이다. 며칠 휴가 내서 다녀오기란 쉬운 일이 아니다. 큰일 있어야 다녀올 엄두를 낸다. 명절이면 나서 보지만 귀성행렬에서의 치열한 혼잡으로 이 또한 파죽음이 되어 겨우 고향에 다다른다. 고향은 엄마의 품속이다. 따뜻하게 편하게 쉼이 있다. 어릴 때 다니던 뒷동산도 그대로다. 그때 그 친구들은 어디에서 있는지 보이지 않아도 그 숨결과 내음은 추억을 머금어 그대로다. 고향을 그리워 찾는 건 동물의 본능이다. 이동하는 동물은 태어난 곳을 확인하고 싶어 한다. 미지의 끝을 알 수 없어 확실한 시작점에서 안정감을 찾으려는 마음작용이다. 가보지 못해 알 수 없는 미래보다는 추억으로 돌아가 보는 과거 여행을 집착하기도 한다. 과거에 머물러 꼰대라 비난을 받기도 한다.

고향 노래도 요즘은 찾기 어렵다. 교통통신이 발달해서 고향 찾기도 금방 가능하니 노래로 달래보기 쑥스럽다. 낭만은 준다. 설렘도 사라져 고향이 주는 안락함도 희미해졌다. 원하면 바로 갈 수 있다.

애니로즈

오래 전부터 전해 내려와 회자되고 있다. 떠난 자리 흔적이 그리 쉽게 퇴색하지 않는다. 아마도 학교랑 생명을 함께 하지 싶다.

서양은 동양보다 인간성이 메마르다고 쉽게 단정한다. 언제나처럼 일반상식은 괴짜에게는 불편하다. 철저한 개인주의에 숨은 인간존중이 있다. 학교에서 한 사람이 꼼짝하지 않고 숨마저 끊어져 있다. 동료들이 슬퍼 눈물로 인사한다. 젊은 나이에 세상을 등지니 학생도 비통하다. 강요된 멈춤에 직면한 그 사람은 미래를 꿈꾸고 새 삶의 씨앗을 심는다. 애도의 뜻을 모았다. 전 세계의 학생이 모여 배우는 터다. 시작이 있으면 매듭짓기도 따른다. 학생이 하나둘 모여든다. 이별을 기념하는 조용한 음악이 분위기를 더한다. 원형 경기장을 연상케 하는 운동장에 빈자리가 없다. 마이크 앞에선 라이언의 연설은 박수와 환호를 자아낸다. 처음 세상에 발 딛고 수줍어 순수하던 학생의 성장과정을 시 한편 암송하듯 내리 달린다. 학교에서 선생님과 함께 한 시간 여행에서 수줍음은 익숙함을 넘어 능숙하게 익혀 배워 나갔다. 활동과 운동 그리고 과목 수행 실적이 탁월하다. 상장을 수여한다. 박수와 휘슬소리에 마당이 떠나갈 듯 요동친다. 기뻐 축하하는 친구도 상 받는 거다. 시상의 축하행사는 여기서 끝이 아니다.

매일 지나던 교정 가장자리에 장미 정원이 있다. 붉은색 장미를 심는 행사다. 학생과 선생님의 축하와 환호성을 온몸으로 받으며 삽으로 웅덩이를 파고 장미를 조심스레 심는다. 뿌리내려 잘 자라라 물을 적셔주니 기념촬영은 그 이후다. 부상으로 상금이 따른다. 매년 상금의 씨앗은 그 사람을 기리며 모은 마음이다. 세상을 잠시 스쳐가는 인생길에 남길 것은 아무 것도 없다지만 과연 그럴까. 계절이 바뀌고 학생도 달라도 언제나 돌아오는 계절에 장미꽃 심는 행사는 영원할 테니까.

청춘에 혼자 심은 장미를 노부부가 손잡고 찾는다. 인생이 무상하다 해도 기억하고 남아 빛이 되니 사는 의미요 희망이다.

제 2 부

의지편

■
■
■

책임집시다

주인으로 삽시다

주인이란 높은 자존감으로 삶을 자기 주도적이고 타인을 존중하며 사랑하는 사람이다. 주인의식이 있는 사람은 자기 자신을 속이지 않는다. 사랑하고 존중하는 마음으로 세상을 보라. 그러면 그 사랑과 존중이 모든 이에게 확산한다. 인간 존엄성을 깨친다면 인간 그 자체로 존중받아야 한다. 사람을 넘어 자연환경의 사물에도 그 마음이 확산한다면 좋다. 물건을 아끼고 절약하는 생활 습관은 주인의식을 가진 사람이라면 가질 수 있는 품격이다. 사랑하면 아끼게 된다. 사람도 마구 대하지 않아야 하고 물건도 함부로 낭비하지 않아야 한다.

주인은 자율성을 가지고, 자기가 결정하며, 그 결정의 결과에 자신이 기꺼이 책임진다. 자율성, 자기 결정성, 자기 책임성은 민주주의 핵심 요소이기도 하다. 주인은 가능하다면 의존하지 않는다. 의존성(dependency)은 저개발 국가가 지닌 속성의 하나다. 후진국일수록 선진국의 발전모형을 모방하기에 바쁘다. 선진국은 기술과 아이디어를 선도한다. 주인은 앞장서서 선도할 수 있다. 지시받고 모방하지 않고 창의성을 앞세워 행동도 선제적이다. 직장생활에도 주인의식이 있는 사람은 사랑을 사랑하는 마음을 실천한다. 직장생활의 팁은 일반 생활과 대동소이하다. 현재 시점에서 많은 직장은 계층으로 구조화되어 있다. 사장, 부사장, 이사, 부장, 과장 이렇게 계층화되어 지도자를 중심으로 권위와 자원이 집중되어 관리되는 시스템이다.

계층의 높은 직위에 있다고 해서 그 사람의 인격까지도 높은 건 아니다. 계층의 위나 아래에 상관없이 어느 계층에서든지 직위에 합당한 역할을 수행하는 사람이라면 누구나 인간으로서의 존엄을 보장받아야 한다. 주인의식이 있는 사람은 계층의 고하를 막론하고 사람을 인격으로 대한다. 사람을 응대하는데 일관성이 있고 한결같다. 낮은 직위에 있다 해서 비루한 짓을 하거나 천대받을 아무런 이유도 없다. 사랑하는 마음 그리고 배려하는 마음은 사랑하고 배려하는 그 자신을 사랑하고 배려한다. 조직에서 인정받고 조직의 평가에서 나름 좋은 과실을 받았던 건 성실함과 인사성도 영향을 미쳤다고 본다. 출근길에 만나는 사람들에게 거의 90도로 머리 숙여 인사한다. 머리를 숙일 때 존중하는 사람, 당신이 이 세상에 지금 이 자리에 계시도록 수많은 사람과 자연이 함께 했을 텐데 어찌 존중과 경외의 마음이 들지 않겠니. 마음이 그렇게 자연스레 흘러간다. 동료의 처지를 체험하고 이해하려 그 상황에 맞춰 생활해보기도 한다.

사랑과 존중하는 마음은 실존적인 인간 이해에서 출발한다. 주인의식을 가지려면 인문학 배움과 사람을 사랑하는 마음을 부단히 키우는데 소홀해서는 안 된다. 한번 사랑하는 마음을 가져 족한 것이 아니다. 놋그릇을 그냥 두면 며칠 지나지 않아 금세 녹이 자란다. 마찬가지다. 우리 인간의 마음도 항상 닦고, 기름 바르고, 조이고 해야 한다. 군대 정비병이 자동차를 관리하듯이 말이다. 지금 가진 사랑하는 마음이 계속되도록 항상 성찰하며 마음 닦아야 한다.

주인의식이 있는 사람은 직장에서도 사랑을 주고받는다. 조직에

서 보고는 계층과 사람을 연결하는 고리다. 보고자의 태도에서도 그 사람이 얼마나 인간 존중을 실천하는지 엿볼 수 있다. 상대에 관한 사랑과 배려가 있는 사람은 보고 내용을 설명할 때도 신중하고 주의 깊다. 혹여 상대가 이해하지 못할까 잘못 알아들을까 발음하나 억양 하나에도 주의한다. 배려가 없는 사람은 보고서의 내용과 전달방식에도 큰 고민이 없는 것처럼 보인다. 주인의식으로 산다는 건 그에 합당한 실력과 지식 그리고 경험도 겸비해야 한다. 배움에 항상 관심을 가지고 성장하려는 노력이 주인이 되는데 긴요하다. 동영상 하나를 만드는데도 다양하게 촬영을 하고 전문가의 피드백을 받는다. 작은 일 하나에도 자신이 알지 못해 혹여 실수하거나, 불편을 주지나 않을까 하는 그 마음, 사랑하고 배려하는 마음이 있어 그 동영상이 인기몰이를 할 수 있다.

주인의식으로 사는 사람은 한없이 착한 마음으로 세상을 경험한다. 세상은 착한 사람을 호구라고 놀리지만 착하고 선한 마음은 맑은 샘물과 같아 찾아오는 벗들이 많다. 물고기도 너무 맑은 물에는 살지 않는다며 세상과 타협하기를 권유하는 경구가 있긴 하지만, 동양인으로 중용의 가치를 인정하더라도, 지고지순 맑은 마음과 정신 그리고 육체는 그 자체로 가치가 충분하다. 맑은 물에 물고기가 없는 건 먹잇감이 없어서일진대, 맑은 물을 통해 자신을 정화하려는 사람들이 항상 가까이에 머물고 싶어 한다. 마찬가지로 선한 사람은 주변에 사람들에게 매력과 끌어들임이 있어 좋은 인연을 맺는데 금상첨화다. 술과 담배를 하지 않아 몸 관리를 깨끗하게 해보자. 술친구, 담배 친구와는 멀어지게 되어 자신의 인연도 평균적으로 좋아진다. 술, 담배를 하는 사람이라고 모두 나쁘다는 의미는 아니다. 기호식품을 무조건 멀리할 필요도 없다. 세상을 경험하는데 기호식품이 하나의 방편이 될 수도 있으니 말이다. 그래도 어릴 때 소망과 꿈도

들춰보고, 동요나 동시도 한편 읊어보며 세상의 묵은 때를 가끔은 씻어내 보자.

주인은 먼저 한다. 솔선수범한다. 인사를 해도 상대방이 인사하기 전에 먼저 인사하며 다가간다. 주인은 스스로 한다. 남이 시켜서 억지로 하는 일은 주인이 취할 자세가 아니다. 조직의 업무로 해야 하는 일이라도, 주인은 그 일의 의미와 동기부여를 자신의 마음에서 우러나는 소리에 귀 기울여 동기부여를 한다. 그 일을 통해 자신이 발견하는 의미와 세상에 연결하는 취지를 깊이 돌아본다.

주인의식과 관련한 일화다. 다양한 상황에 여러 사람의 선택지를 관찰할 기회가 있다. 대전 출장지에서 급하게 서울로 이동해야 하는 상황이 발생했다. 직원은 출장 기관이 운영하는 교통편이 있는지를 수소문한다. 한 직원은 고민 없이 쉽게 택시로 이동하는 방안을 바로 제안한다. 검색해보니 출장 기관을 순회하는 시내버스가 있어 그 버스를 이용해서 전철로 갈아타면 가장 짧은 시간에 최소비용으로 대전역에 도착할 수 있다. 낯선 장소에 처한 직원이 선택할 수 있는 이동 방법을 알아보는 순간에도 사랑하는 마음이 숨어 있다. 몇 가지의 대안을 검색해보고 이동 수단을 제안하는 사람은 인간에 대한 존중의 마음을 표현한 거다. 한 사람이 놓여있는 어려움을 공감하고 인간이 직면한 어려운 짐을 나누는 마음이 아름답다. 배려를 받으니 당연히 배려해준 사람을 고마워하고 기억할 것이다. 배려와 사랑은 직급과 무관하다. 직급이 낮은 사람이 높은 사람에게 보고서를 설명할 때도 배려와 사랑은 빛을 발휘한다. 사랑과 배려는 자신을 객관화하는 노력이 더해져 자신을 성찰하는 기회가 된다. 보고서 한 장, 보고, 설명, 단어나 억양, 목소리 톤을 듣는 사람이 편안하게 이해할 수 있도록 주의하는 배려는 보고자를 연습하고 단련시켜 그 사람의 능력을 더 높게 만드는 원동력이 된다. 보고에서 배려는 미사일의

사이버네틱스 원리와 같다. 미사일이 목표물을 명중하는 데는 여러 번의 시행착오를 거쳐서 최종 목표물에 정확성을 높인다. 목표물을 향해서 미사일이 쭉 뻗어나가는 것처럼 보이지만, 실상은 미사일이 목표지점에서 조금 벗어난 상태를 계속 교정하면서 정확한 목표지점에 도착하게 한다. 통신에도 잡음을 넣어서 통신의 정확성을 높이려는 원리와 같다. 배려와 사랑은 통신에서의 잡음과 같은 역할을 한다. 과도하지 않은 적정한 배려는 배려 받는 사람과 배려하는 사람 모두를 편안하게 한다. 배려와 사랑은 그 자체를 궁극의 목적으로 삼길 바란다. 내가 행하는 작은 배려가 상대방의 반대급부를 기대하는 수단으로 사용해서는 아니 된다. 상대를 배려하고, 감사하고, 사랑하는 행위 그 자체가 성장시켜 준다. 부차적으로 받게 되는 사랑 피드백은 보너스다. 그냥 그 사랑하는 마음을 표현하면 충분하다.

드라마 주인공이 되고 싶어 한다. 조직의 리더가 되고 싶다. 운전도 앞장서려 한다. 끼어들기 양보에 인색하다. 댓글도 일등으로 하려 든다. 우리 사회에 은연중에 깃든 경쟁의식과 내가 남보다 앞서려는 마음으로 잠시의 여유마저도 상실하고 말았다. 일등 사회는 디지털 신기술의 확산으로 고착하는 분위기다. 구글의 등장으로 야후가 몰락하는 현상은 일등만이 생존하고 이등은 경쟁 사회에서 밀려 도태하는 현상을 보여준다. 주인으로 산다는 것이 일등이 되자는 말은 아니다. 꼴등도 주인이 될 수 있다. 주인과 일등은 반드시 일치하는 개념이 아니다. 주인이란 상황을 조정하고 관리하면서 통제한다. 결정하고 지시해서 복종시키는 힘만으로 주인이 되는 것은 아니다. 주인이란 자신을 통제하는 사람이다. 설정한 목표를 고안한 대안으로 달성한다. 필요하다면 목표를 수정하기도 한다. 목표는 자신에 내면화되어 외부의 변화에 유연하게 대처할 여유를 갖고 있다. 자신이 결정하고 선택하는 마음 상태는 주인으로 사는 기초다. 타인이 강제한 가치를 받아들여 그 가치를 달성해야 하는 노예라도 그 의미를 재해석하고 의미 부여를 통해서 내면화한다면 주인이다. 주인은 끊임없이 자신과의 대화를 통해서 자기 자신을 정확하게 알고자 노력한다. 자신이 진정 소망하는 것, 바램, 욕구, 감정, 자신의 건강과 몸 상태, 자기를 구성하는 감정과 느낌에 민감하게 반응한다. 주인은 자신을 진정으로 사랑한다.

자기 관리도 수동으로 끌려가지 않는다. 선택한다. 강제된 상황에 굴복하거나 적당히 타협하려 않는다. 선택하고 당당하게 받는다. 자신만의 확신과 전략으로 선택한다. 주인은 책임을 돌리지 않는다. 자신이 선택하고 실행하기에 책임 앞에서도 당당하다. 실행력이 좋다. 내면에서 우러나온 행동이기에 그 실행의 힘이 강하고 결단력이 좋다. 결과도 좋을 확률이 높다.

화 나는 당신에게

붉은 고추가 맵다. 맛있는 빨간 김치를 옆에 끼고 살아 정열이 넘친다. 급하고 빨리빨리 사는 몸에 밴 습성도 음식과도 무관하지 않다. 화를 관리하고 싶다는 건 동서양이 다르지 않다. 인간이 지닌 기본 속성의 하나다.

명리학은 목, 화, 토, 금, 수의 오행으로 구분한다. 목은 만물이 소생하는 봄의 속성이요, 화는 불같이 번지는 여름의 속성을, 금은 열매가 무르익는 가을을, 수는 지혜를 의미하는 겨울의 속성을 각각 대표한다. 사계절의 변화를 오행의 변화로 비유적으로 설명한다. 화의 기운이 많은데 수의 기운이 적은 사람은 외형상 급한 성향을 보이는 경우가 많다.

자연 상태의 불을 관찰한다. 건조한 상태에서 불나기 쉽다. 어릴 때 돋보기로 검은 종이에 불빛 초점을 맞춰 일정한 시간 달궈주면 불이 붙는다. 소설 파리 대왕을 보면 물건을 마찰시켜서 불을 만든다. 원시시대 조상들은 돌을 부딪쳐 생긴 불꽃을 활용했을 거다. 불은 따뜻함을 넘어 경계를 넘어선 마찰로 뜨거워지면 점화한다.

화가 난 사람은 열불이 난다고 표현한다. 화가 나면 괴물로 변한다. 평정한 마음은 물과 같아서 화를 곧잘 끈다. 화는 감정이나 마음 상태가 불완전하고, 마찰하는 마음 즉 마음에서 서로 다른 생각들이 순간순간 부딪쳐 이런저런 생각으로 정리되지 못한 잡다한 마음이 쌓여 순간적으로 폭발해 점화한다.

사랑하는 마음이 화로 변해 표출하기도 한다. 사랑 언어와 표현 방법을 보고 배우지 못한 까닭이다. 어머니를 사랑하고 아끼는 마음을 가진 아들이 그 어머니의 처량한 모습에 버럭 화를 낸다. 사랑하는 엄마가 사탕을 입에 물은 채 잠이라도 드는 날이면 아픈 이가 조금이라도 더 상할 새라 잠을 깨우면서 화로 표출한다. 어머니께 무심한 자식이라면 굳이 화를 내지도 않았을지도 모른다.

대부분은 미움이 변해 화가 된다. 시어머니를 미워하는 마음을 차곡차곡 쌓아둔 며느리는 노년에 접어든 시어머니를 화를 내며 구박한다. 미워하는 감정도 그 대상에게서 인정받고 사랑받고 싶은 마음이 충족하지 못한 결과로 자란 마음이라면 갈애하는 마음이 있어 생겨난 마음 상태다. 간단한 사례에서 눈치채 보자. 화는 그 사람의 입장이나 기준으로 상황을 평가한 결과 그의 마음이 평정심을 잃고 요동치는 감정을 여과 없이 그대로 표출한 것이다. 화를 내는 사람의 마음이 편하지 않다는 증거다.

세상 모든 일이 그러하듯이 화는 처음 내기가 어렵지 한 번 화를 내고 나면 화를 발산하는데 주저함이 없어진다. 화를 감당하지 못해서 모진 말을 쏘아붙이는 건 덤이다. 음식이 짜다는 혀끝에서의 감촉은 첫술에 느낄 뿐 몇 번 먹어 적응하면 짠맛인지 구별하지 못한다. 이처럼 화도 중독성을 가진다. 점점 더 큰 화를 발산하려 든다.

화를 왜 내야만 하는가. 상황이나 상대를 변화시켜 당신을 이해하고 자신을 따르기를 바라는 기대 때문이 아닌가. 화를 버럭 내어 보라. 화를 받은 상대는 꿈쩍도 하지 않는다. 오히려 더 마음의 문을 닫는다. 피하고 상대하지 않으려 든다. 당초에 의도한 화의 효과는

전혀 달성하지 못한다. 불타고 남은 재로 당신이 상처받아 화는 꺼지지도 않고 더 깊고 지속할 뿐이다.

화를 내지 말아야 할, 아니 화를 낼 필요가 없음이 자명하다. 먼저 화로 상대나 세상을 변화시킬 수는 없다는 사실을 정확하게 인식해야만 한다. 화는 무용지물이다. 당신의 육체와 정신을 다치게 하고 아무런 성과 없는 화를 굳이 내기 위해서 당신의 그 순수한 열정을 불쏘시개로 쓸 필요가 없다. 열정을 낭비하는 어리석음이다. 화가 난다 싶으면 그 자리를 박차고 나가 무대를 바꿔보자. 유유상종은 비슷한 사람들끼리 어울린다는 의미도 있지만, 무리와 어울리면 그 무리와 닮아간다는 시스템의 거울 효과(mirror-effect)를 무시할 수 없다. 화가 난 당신은 그 상황이나 사람을 벗어날 수 없다 하소연하겠지만 말이다. 세상 살기가 쉽지 않은 건 마음에 맞지 않는 상황을 마음대로 변화하기 어렵다는 데 있다. 한 발 떨어져 생각을 가다듬어 보자. 마음대로 살고 싶은 건 모든 인간의 소망이기에 지구의 입장에서 당신 마음의 비중은 하나를 전체 인구로 나눔에 불과하다. 숫자로 보면 내 마음은 아주 적은 부분을 차지한다. 의지를 상대에 심고 강제하기란 여간 어려운 일이 아니다. 오히려 당신 생각을 접어 내려놓는 편이 더 수월할지도 모른다.

명상으로 마음의 평정을 유지하는 사람은 화가 생기면 마음에서 일어나는 화를 바라보라고 권한다. 화가 난다는 사실을 정확히 인식하고 바라보면 화가 더 커지지 않고 관리할 수 있다. 불이 나면 소화전으로 끈다. 화난 사람에게 소화전은 사랑과 측은지심이다. 사랑과 미움 그리고 질투와 같은 마음작용이 화로 변하는 순간 상대를 진정으로 사랑하는 마음이 있어 점화작용을 멈출 수 있다. 짜증나게 하고 불편하게 하는 상대방의 행동들이 그대를 불편하게 만들려는 의도나 음모가 아니라 단순 무지에서 출발한 철없는 행동일 수도 있다. 상대방이 익숙한 방식으로 아무런 생각 없이 발설한 말이나 표출한 행동은 그 사람의 일상이 그렇게 만들었을 수도 있다. 화를 부추기는 상대의 표현을 탓하기 전에 그 사람의 인간 실존의 한계를 충분히 인식한다면 당신은 불을 끌만큼의 충분한 탱크의 물을 가지고 있는 것이나 다름없다. 평소에 사랑과 실존하는 인간에 관한 깊은 통찰력을 키워 세련되게 화를 관리하는 멋진 당신을 만나고 싶다.

감사하며 삽시다

토마토를 정성스레 준비해준 사람의 마음을 감사로 읽으며 먹는 내내 미소 짓는다. 신선한 과일의 향과 맛이야 두말할 나위 없이 좋다. 사람이 베푸는 따뜻한 마음을 느끼는 순간은 과일 맛도 잠시 잊게 한다. 감사의 마음은 이토록 사람의 마음을 정화해 그 사람의 태도까지도 맑게 한다. 혼탁한 물보다 맑은 시냇물을 가까이한다. 맑은 물이 깨끗해 보기에도 좋다. 소리는 어떤가. 혼탁하게 흐르는 물소리에 비해 맑은 물은 흘러가며 내는 소리도 청아하다. 감사의 마음으로 혼탁한 마음은 어느새 맑은 물과 같은 마음이 된다. 감사는 하는 사람과 받는 사람 모두에게 좋다. 교육파견의 기회를 가진 두 사람이 있다. 감사한 마음으로 그 파견 기회를 활용한 직원은 만날 때마다 기회를 준 조직에 감사하다는 말을 연발한다. 교육을 마치고도 배움의 끈을 쥐어 놨지 않았다. 몇 년 인내의 시간을 즐기면 학위도 받을 것으로 기대한다. 감사를 기억하면 기회로 변하는 축복을 받는다. 당연하게 받는 감사는 일상과 같아 아무런 감동이 없다. 감사에 감동이 빠졌으니 앙꼬 빠진 찐빵이다. 감사 빵에 맛이 있을 리 없다. 맛없는 건 둘째 치고 그 빵에는 달콤한 향기가 없어 외면한다. 감사의 기회는 사람의 관심을 먹고 자라는 열매다. 무관심은 더 이상의 감사가 자라는데 필요한 자양분을 끊은 것과 같다. 감사한다면 마르지 않는 사랑의 샘물이 있어 갈증을 느낄 새가 없다. 감사의 마음이 부족하거나 표현 방법이 서툴러서 맛있는 앙꼬 부분만을 가려내 먹듯이 자기 필요한 것만 챙겨서 떠나는 이가 있다. 마치 다음은 없고 더는 볼 일 없다는 식으로 돌아서 가는 사람의 뒷모습은 그 모습만큼이나 씁쓸함을 남긴다.

그렇다면 감사 표현은 언제가 좋은지 궁금할 거다. 감사는 시도 때도 없이 해도 좋다. 자연의 물질이나 관념, 사상들은 한편으로 보면 가치중립적이다. 원자력도 인간에게 필요한 정상재(goods)로서의 기능을 하지만, 원자폭탄으로 활용하게 되면 인류를 파멸하는 무서운 무기가 된다. 무심코 전달된 상대방의 작은 배려를 크게 감사하는 마음으로 받아들이는 사람이라면 감사에 능숙한 전문가다. 잠시 고개 들어 주변을 살펴보라. 감사할 일이 지천으로 깔려 있다. 숨쉬기에 꼭 필요한 공기는 비록 우리 눈에 보이지는 않아도, 깨끗한 공기가 있어 생존할 수 있어 감사하다. 생각의 흐름에 따라 글을 써 내려가면서 누군가와 인연이 될 독자를 상상하는 행복한 마음도 감사할 일이다. 따뜻한 커피 한잔을 마시면서 삶을 성찰하는 순간도 감사를 벗어나지 않는다. 사랑과 존경하는 부모님께서 세월을 버티며 살아계시니 감사다. 직장에서 많은 업무를 척척 처리할 수 있는 공간과 건강 그리고 능력이 따라주니 감사하다. 당장에 몸이라도 아파 병원에 입원해야 하는 사람에게는 건강한 사람의 평범한 일상이 그렇게 귀하고 감사한 일이다. 평범하게 지나는 하루처럼, 무상한 인생도 감사하고 볼 일이다. 두 발 두 손 사지가 멀쩡하게 움직일 수 있는 것만으로도 당신은 축복받아 감사해야 할 사람이다. 불평불만은 지금부터 뇌에서 지워버리자. 비록 짧은 인생 살다 가더라도 감사하는 사람은 결코 그 인생이 짧다며 허망하다며 절망하지 않는

다. 당신의 마음에 감사의 따뜻함으로 채워라. 당신의 얼굴에 미소가 따라 관상이 변하는 경험을 하게 될 것이다. 우리 인간은 태생적으로 어둠보다는 빛을, 아픔보다는 건강을 지향한다. 슬프거나 아픈 이야기를 담은 동영상은 인기가 없다. 사람들은 건강하고 즐거운 내용을 다룬 내용을 선호한다. 사람도 마찬가지다. 감사로 충만한 사람이 내뿜는 긍정의 기운은 사람을 당기는 매력덩어리다. 조금이라도 감사한 마음이 일어날 땐 참지 말고 표현하자. 미소로도 좋고 감사하다는 말 한마디도 좋다. 친절과 배려를 받아 감사의 느낌이 일어날 때는 감사하다고 외쳐라. 감사하다고 당신의 인격이 낮아지거나 상대방을 불편하게 하지 않는다. 감사하다는 표현은 당신이 가진 감사의 마음을 더 크고 단단하게 확장시켜 주는 촉매 역할을 한다. 영어의 감사(thank you)는 실례합니다(I am sorry)와 짝으로 일상에서 자주 접하는 말이다. 감사하다 말하면 영어권에서는 당신을 환영합니다(You are welcome)로 답한다. 당신은 축복받고 환영받을 충분한 자격이 있다는 의미다. 감사의 마음을 가지면 품격을 한층 높여 준다. 감사해야 할 공간과 시기에 감사할 줄 모른다는 건 애석한 일이다. 친절과 배려를 감사 없이 무덤덤하게 받거나 미움으로 응대한다면 그 사람은 다시는 친절과 배려를 받기 어렵다. 친절을 베풀 사람이 줄어들어 결국에는 친절을 받지 못한다. 작은 일에도 감사하는 사람은 큰 친절과 배려를 받게 된다. 베푸는 친절과 배려보다 자신이 받는 영적 충만함이 크다. 감사하면 손해 볼 일이 없다. 거래에 익숙한 현대인은 이익을 추구한다. 메말라 가는 현대사회에서 감사는 사막의 오아시스와 같다. 갈증으로 목마른 사람에게 편안한 안식의 물이 된다. 감사하기 얼마나 좋은 세상인가. 전화번호를 외워 사용하고 지식을 머리에 이고 사는 그런 시대가 아니다. 검색하면 찾을 수 있으니 그야말로 텅 빈 머리로도 사는데 아무런 문제가 없어 보인다. 시대를 잘 만나 뇌에 여유 공간이 많아졌다. 그 공간에 감사함으로 채워보자. 기억할 수 있는 감사의 양이 훨씬 많아야 당연하다. 감사마저도 검색기능으로 찾으려 든다. 머리에 가슴에 꼭 기억하고 담아 두자. 마음 한구석에서 스멀스멀 기생하며 호시탐탐 기회를 살피고 있는 이기심이 있다. 이기심이라는 잡초를 제거하는 데는 감사만큼 명약도 없다. 일상에서 감사하면 겸손이 자란다. 감사와 겸손으로 꽉 채워서 잡초가 자리 잡을 곳이 없게 하라. 감사하며 살아 봅시다.

문! 열어주세요

사람이 건물을 만들고, 그 건물은 사람을 만든다. 건축물과 그 건축물을 이용하는 인간이 상호 작용하는 관계를 묘사한 문장이다. 인간이 공간을 설계한다지만 인간 또한 그 공간의 영향을 벗어나기 어렵다. 사람을 만나려 사무실을 방문하면 많은 관문을 통과해야 한다. 지하철을 이용할라치면 지하철 문이 열릴 때를 기다려 탑승한다. 목적지에 도달하면 건물의 대문을 열어야만 한다. 대문을 통과하고도 몇 개의 문을 열어야 겨우 한 사람을 만날 수 있다. 사람을 같은 공간에서 만난다는 건 이처럼 많은 장벽을 넘어서야 가능하다.

관문을 넘어 목적지에 다다르면 직급이 높은 사람일수록 바로 만날 수 없다. 비서실이 있기에 비서실을 거쳐야만 한다. 높은 사람이 상주하는 사무실 문 입구에는 경고문이 붙어 있다. 방문자는 옆문으로 경유해 달라는 취지다. 상급자가 이용하는 문을 바로 이용하면 비서실에서 손님이 방문한 사실을 알기 어렵기 때문이기도 하다. 그래도 그 경고문은 방문자의 마음을 차갑게 한다. 문은 공간을 나누는 수단이다. 굳게 닫힌 문은 그 사무실 주인의 마음마저도 닫아 버리기 쉽다. 인간이 건물을 만들고, 공간은 인간을 만든다. 문을 닫고 열어주지 않는 사람은 상대방을 맞이하고자 하는 심리 상태가 아니라는 표현이다. 사람을 만나기 위해 멀리서 여러 어려움을 극복하고 방문했을진대, 마음과 공간의 문을 활짝 열어 반기지는 못할지언정 이쪽으로 저쪽으로 뺑뺑이 돌리듯 혼을 빼놓고 맞이하는 건 사람의 도리가 아니다. 문을 열어둬서 업무 집중도가 현저히 낮아지는 문제라면, 문을 없애고 벽을 만들어야 할 일이다. 굳게 닫아만 두는 문은 열림이 없으니 문이라는 이름이 어울리지 않는다. 반쪽짜리 문에 지나지 않는다. 인간의 필요에 따라 문은 쉽게 여닫도록 해야 한다.

사무실 문은 살짝 열어두자. 다른 사람의 이동으로 업무에 방해가 된다면 문을 조금만 열어둔다. 문을 열어두면 좋다. 문을 닫아두면 나태한 자신의 모습이 드러나기 쉽다. 혼자 있는 이 공간에서도 자신을 잃지 않고 사람으로서의 품격을 지키려면 적당한 외부자극이 도움이 된다. 열린 문은 막힌 공간을 소통시켜주는 통로다. 창문이라도 열어 맞바람으로 소통하니 자연을 느낄 수 있어 좋다. 문을 열어 둔다는 건 언제 방문할지 모르는 손님을 환영할 준비된 자세다.

낙서하며 삽시다

글쓰기 행위는 하얀 여백에 검은 색칠하는 활동이다. 글쓰기의 기본은 낙서다. 하얀 종이에 아무런 의미와 생각 없이 마음 가는 대로 연필 촉으로 여행한다. 낙서는 마음의 표현이다. 동그라미 낙서들이 모여 그리운 얼굴이 모양을 갖추기도 한다. 언어와 문자는 사람의 마음과 정서 그리고 의지를 담는 그릇이다. 글을 쓴다는 건 글쓴이의 전부를 오롯이 표현하는 몸부림이다. 낙서, 그림, 글쓰기를 하면 뭐가 좋은가? 글쓰기에 관한 필자의 경험을 소개한다.

작년 여름이 시작되기 직전, 부서의 정기 인사로 새 보직으로 이동했다. 오랜 시간 함께한 조직이라도, 새로운 부서에서 느낄 이질감을 극복하려면 인내의 시간이 필요하다. 신입 직원이 적응하는데 필요한 건 기존 부서 직원들의 관심과 사랑이다. 조직은 루틴으로 운영된다. 기존 직원에게는 익숙한 것들도 신입은 낯설고 상식에 합당하지 않게 보이는 업무처리 방식이 있다. 불편함을 해결하려는 노력과 시스템을 갖춘 조직은 성장한다. 시스템의 잘못을 스스로 인지하고 수정할 수 있는 제도적 장치를 가진 조직이기 때문이다. 조직이 커지고 안정될수록, 그 구성원들은 형식주의(formalism)에 집착하게 되어 환경의 변화를 무시하기 쉽다. 결국에는 외부로부터의 공격을 이겨낼 조직 내부의 힘이 부족하게 되어 조직발전에 이롭지 못하다. 새 보직을 받은 한 사람이 조직의 관행을 변화시키기란 불가능에 가깝다. 그렇다고 타성에 젖은 것으로 보이는 관행과 타협하기도 싫었다. 공책과 볼펜은 자유자재로 가지고 놀 수 있었다. 하얀 노트에 볼펜으로 필자의 불만 사항과 필자가 바라보는 조직 운영의 문제점들을 여과 없이 적었다. 하루도 빼먹지 않고 적었다. 같은 내용의 낙서문장으로 채우는 날이 많았다. 계절을 넘겨 공책에 적었던 불만들이 서서히 해소되는 체험을 한다. 계절이 지나면서 공책에는 불만과 부족의 글들이 줄어든다. 여백에는 감사의 글로 채운다. 낙서를 하는 동안에 감정도 그렇게 변했는지는 알 수 없다. 타협의 마음이 작동하여 루틴을 이해하게 된 결과인지도 모른다. 분명한 건 감사의 마음으로 글쓰기를 계속하는 순간에 주변 사람들의 행동이나 태도가 조금씩 감사로 이동했다.

정기인사에서 새로운 유능한 사람들과 함께 업무를 처리할 수 있게 되면서 감사의 마음은 한층 더 커졌다. 낙서 글쓰기의 작은 나비효과가 좋은 사람들과 업무인연을 맺게 된 동인인지는 알지 못한다. 분명한건 낙서 글쓰기 노트 한권을 빼곡히 채운 시점에 조직도 서서히 변했고, 좋은 사람들로 교체되는 체험을 했다는 점이다.

사람은 체험과 경험으로 변하는 존재다. 아무리 좋은 말을 듣더라도, 체험하지 않으면 태도와 행동변화를 이끌지 못한다. 체험과 경험을 겪고도 편한 방식으로 회귀하려는 본능을 이겨내기 쉽지 않다. 감염병이 조금 진정된다 싶으면 과거 모여 살던 시절로 돌이키려는 힘이 있다. 습관이 중요하다. 공책과 연필을 들고 아무 낙서라도 마음따라 그려보자. 어린 시절 동심으로 돌아간다. 공책과 연필로 넉넉해하던 시절이다. 사회적 인간인 사람은 말이나 행동에 관해 끊임없이 자극과 피드백을 받는다. 나만이 가지고 노는 공책과 연필 그

리고 낙서는 오직 나만 다시 펼쳐본다. 의식의 극단에서 무의식의 종점까지 어느 차원으로 표현하더라도 괜찮다. 정답이 있는 것도 아니다. 사회적으로 요구하는 바람직한 답안이 있지도 않다. 도덕이나 윤리도 잠시 잊어도 좋다. 오로지 마음 표현에 집중한다. 환경에 관한 낙서다. 낙서를 반복하면서 그 낙서는 자신의 것임을 알아챘다.

낙서 글쓰기를 통해 체험한 건 세상은 마음의 투영이다. 세상을 만드는 주인은 자신이다. 마음에 자라는 미움의 씨앗을 줄이고, 감사의 마음을 키워 세상을 변화시킨다. 낙서 장은 마음의 창이다. 낙서 색상을 감사로 채우면 세상은 감사로 채색한다. 낙서를 미움으로 칠하면 세상은 온통 증오의 모습이 된다. 공책 한 권 그리고 연필 한 자루로 세상을 색칠하는데 도전해 보자. 세상을 어떤 색으로 덧칠할 건가는 오직 당신의 상상에 달렸다. 이제 당신은 세상을 채색하는 마술사다.

당신 먼저 하세요

사촌이 논을 사면 배 아파한다. 인간 심성의 단면을 보여주는 말이다. 사랑으로 나고 자라도 이런 못난 구석이 있다. 잘 나고 싶은 탐욕의 결과다. 뒤떨어지거나 못할까 불안해서 참고 견디지를 못한다. 일등이 최고다. 성장에만 치중한다. 크고 많아야 속이 풀린다.

오랜만의 휴가다. 자연과 벗하며 자신을 추스르기에 안성맞춤이다. 사촌이 별장을 지어 방문한다. 바닷물이 넘실대고 뒤에는 산이 병풍으로 푸르다. 가까이 논과 밭은 풍요로운 내일을 준비한다. 거실에서 편안하게 읽는 책 한 구절이 세상 부럽지 않다.

전원주택 매물이 있다. 잔디를 관리하기 벅차서 정성으로 지은 주택을 판매한다. 그렇다. 세상 만물을 소유하는 순간 관리하고 책임이 따른다. 책임 의식 없는 사람이야 그냥 방치한다. 편리한 자동차도 정기적으로 관리해야 한다. 사물의 본성에 합당한 관심과 사랑을 주기적으로 쏟아야 한다. 사랑 넘치는 사람이 사물을 소유할 자격이 있다.

별장에서 치유의 시간을 보낸다. 집으로 돌아오는 길에 스친 생각은 별장주인보다 그 주인을 알고 있는 손님이 더 나은 위치다. 별장을 가진 사람은 그 집을 관리하느라 이만저만 신경 쓰질 않는다. 잔

디를 깎아야 하고, 청소하며, 창문을 세척하고, 전기 수도 가스비용을 매달 내야만 한다. 손님은 아무런 의무 없이 그 주택의 용도에 합당하게 이용하면 족하다. 책임과 의무 없이 권리만 누린다니 얼마나 좋은가.

검소한 삶(minimal life)이 각광받고 있다. 소유가 주는 불편함을 느껴 줄인다. 어디 물건만 그럴까. 사랑도 관념도 마찬가지다. 젊은 한때 간혹 동시에 여러 사람을 사귀는 소위 문어발식 사랑꾼이 있다. 부지런하고 머리도 좋고 경제력도 있겠다. 사랑도 많아 귀한 줄 모른다.

베풀 수 있으니 부자가 좋다. 다다익선이다. 많이 가져 좋다. 물질을 많이 가질 건가, 여유를 많이 누릴지는 오직 당신의 선택에 달렸다. 시장에서도 독점은 남에게 해가 된다. 기회를 당신이 독점하면 그 또한 상대는 불편하다. 당신이 가진 재산과 지식 그리고 지혜는 타인과 나눌 때 가치 있다. 최첨단 휴대폰을 당신 혼자 소유한들 제대로 활용하지 못한다. 당신이 가진 멋진 전화기를 상대방도 가지도록 해라. 화상통화도 가능하고 정보 교환도 쉬워진다. 당신을 홍보하는데도 금상첨화다.

성공한 당신이 손에 쥘 수 없는 것도 당신 인연으로 그대에게 쉽게 다가와 행운이 겹칠지도 모른다. 성공에 필요한 노력을 조금이라도 사랑하는 이웃을 위해 나눠주자. 인연의 성공은 소유하지 않는 당신에게 큰 축복을 선물한다. 혼자 애쓰지 말자.

그냥 삽시다

사람이 다가온다. 좋아하니 절로 좋은 마음이 통한다. 직위에 있으면 그 직에 따르는 떡고물을 기대한다. 인지상정이겠지만 따지고 보면 그 사람이 좋은 거다. 그 사람의 직위가 마음에 드는 건 아니다. 자리가 탐나서 지위에 속한 권한 행사에 관심을 가지고 접근하는 사람이 가끔은 있다. 사람인데 어찌 다 똑같은 생각만 할 것인가. 이런 사람 저런 사람이 있기 마련이다. 사회적 지위를 보는 관점도 마찬가지다. 고위직으로 올라갈수록 책임과 권한이 함께 커지므로 사람을 주의해서 만나야 한다. 역량을 넘어서 감당하기 힘든 권한은 자칫 그 사람을 다치게 한다. 공직에 있는 사람은 더 주의해야 한다. 투명한 어항에서 사는 물고기와 같은 신세다. 베일에 가려진 비밀이 있을 수 없다. 일거수일투족 모두 법과 규정의 틀에서 점검받는다.

세상에 아이러니한 건 쫓아 잡을라치면 달아나버린다. 인간관계를 맺고 유지하는 데도 목적을 보이면 상대방은 목적 달성에 활용되는 수단으로 인식하게 된다. 그런 만남은 오래가지 못한다. 누구나 목적으로 응대 받고 싶기 때문이다. 인간 존엄성은 하늘이 부여한 인권, 즉 천부인권이다. 기계화·산업화 사회에서 인간이 기계와 다른

점이다. 인간을 수단으로 활용했던 노예제도의 폐지도 같은 맥락에서 이해한다. 사람을 대할 때는 인간의 존엄성을 항상 잊지 말자. 인간관계를 잘 맺는 좋은 방법은 마냥 사람이 좋아 만남이 좋아 그 좋아함을 즐기는 거다.

세상의 일을 대할 때도 즐기는 과정 자체가 소중한 경험이다. 음식을 먹을 때도 즐기고 볼 일이다. 일도 즐겨야 한다. 승진이 도움이 되니까 하는 일이라면 힘들어 짜증이 쌓인다. 새벽에 일찍 출근하는 날이면 사무실을 깨끗하게 정돈해 주시는 분을 만난다. 냉장고에 있는 음료수 조금과 삶은 달걀을 드린다. 새벽에 출근해서 자신의 소임을 다하고 계시는 분에 대한 감사와 존경의 표시다. 그냥 마음이 일어나기에 그렇게 실행한다. 이 계란과 음료수를 드려서 사무실을 조금 더 깨끗하게 청소해주길 바라는 마음, 즉 목적의식을 가지고 전달한다면 마음을 표현하는 사람도 그것을 받는 이도 불편하긴 마찬가지다. 아무 조건 없는 마음 내기로 그 사람은 용기로 행동하고 즐겁게 실천할 수 있다. 현대 경제학에서 소비자는 효용을 극대화하고 생산자는 이익을 극대화하는 목표를 달성한다고 가정한다지만, 소비자와 생산자의 일상은 꼭 그 목적을 위한 전략 선택에 급급하진 않는다. 돈을 벌기 위해서 음식점을 운영하면 결과적으로 그 식당은 문을 닫게 된다. 오히려 음식점을 방문하는 사람에게 좋은 음식을 건강하게 대접하겠다는 마음과 서비스 정신으로 경영한다면 수입은 부수적으로 창출될 거다. 갑갑한 현대사회에서 생존하기 위해 이윤과 경제를 내팽개치지는 못한다지만 돈 돈 하는 사람에게 돈은 도망가는 경우가 많다. 합리성의 사회에 목표와 수단을 잘 따져보고 목표달성에 필요한 대안을 선택하는 행위는 중요하다. 그 합리성을 계산할 때 눈에 보이지 않는 가치들도 충분히 반영하고 목표에 다가가는 과정 그 자체를 즐기는 지혜가 필요하다.

꼰대 향한 변명

꼰대는 늙은이 또는 선생님이라 칭하며 비꼬는 은어다. 은어의 속성은 자기들끼리 공유하면서 타자를 마음에서 배척한다. 사용자의 일체감으로 결속한다.

꼰대라 불리는 소위 어른의 특징으로는 말이 많다. 젊은 시절을 먼저 살아봤다는 자신감과 인생 경험이 더 많다는 우월감이 더해져 자신이 더 많이 알고 있다고 확신한다. 자신감과 우월감이 세월 따라 강화되어 이제는 자신이 옳고 타인은 잘못된 길을 걷고 있다고 판단한다. 꼰대의 자아는 젊은이를 올바로 인도해야 한다는 착한 마음이 발동하기 시작한다. 선한 마음 내기가 공명심으로 발전하면 상대를 힘들게 한다는 사실을 잊어버린다. '나 때는'으로 시작하는 대부분의 연설은 논리적이고 체계성이 있어 당신은 그 말하기에 푹 빠져 시간 가는 줄 모른다. 한 시간이 금방 지난다.

잠시 냉정하게 당신을 바라보자. 가능하면 내면 깊은 곳까지 볼 수 있다면 더할 나위 없이 좋다. 왜 힘들여서 열정적으로 젊은이에게 가르치려 드는가. 인정받고 싶어서도, 자랑하고 싶어서도 아니다. 사람을 사랑하는 마음이 발현한 거다. 잘 되었으면 하는 마음이다. 관심 없는 상대에 그런 열정을 쏟아 붓고 싶지 않다. 열변을 하는

마음은 그의 인정을 받고 싶다. 아 당신은 지혜 꾼이고 지식의 창고며 무엇보다 이렇게 귀한 시간을 내어서 소중한 경험을 나눠주는 순수하고 따뜻한 마음을 지닌 선한 사람이라 자랑하고 알아주기를 바란다. 아니라고. 정말로 못된 꼰대는 젊은이를 골탕 먹이려는 의도인지도 모른다. 대부분의 선량한 꼰대는 마음이 착하니 꼰대라 인식하지 못한다. 꼰대라 하니 도리어 억울하다.

꼰대가 되지 않는 비법이라면 먼저 실존적으로 인간을 바라보는 공감 능력을 키우자. 사람은 모두 다 자기만의 사는 이유와 방식이 있다. 익숙한 습관도 다르다. 처한 상황도 다르게 인식한다. 같은 사무실 공간에 존재하는 인간이라서 그 환경을 똑같이 인식하지는 않는다. 다르지만 소중한 인격체가 당신 앞에 존재한다. 그 자체로 존중하고 바라만 봐도 젊음이 부럽지 않은가. 지켜 기다리는 인내심을 가져보자.

무대가 바뀌었다. 당신이 젊은 날 경험한 것이 지금을 사는 젊은이에게도 통할 것이라 단정하지 마라. 과거에는 소통방식도 사회의 제도 조건도 지금과 다르다. 소위 청탁금지법이 있기 전 과거에 사람들의 행태와 지금이 같기를 기대하는 건 큰 오산이다. 사회의 틀이 변했으니 이제 당신의 경험은 소중하게 묻어두고 새 사람들의 경험을 지켜봐 주자.

사랑하는 마음을 제대로 숙성시켜 보자. 사랑하는 마음을 그대로 다 보여줘야 속이 풀리는 당신은 아직은 어린 거다. 기다릴 줄도 알고 참으며 지켜봐 주는 절제도 사랑의 미덕이다. 사랑한다고, 왜 나의 마음 몰라 주냐고, 집착하면 병이 깊은 거다. 이미 사랑이 아니다. 사랑도 깊어 병이 되면 스토커다. 사랑과 스토커는 종이 한 장 차이다. 이성으로 마음을 잘 관리해야 한다. 감정의 바다에서 당신의 육체는 이성이 안내하는 항로를 따라 순항해야 한다.

젊은이가 늙은이를 이해하지 못하고 배제하려 꼰대가 탄생했다. 이제 사회의 주인공인 젊은이들에게 무대를 넘겨줘야 한다. 오해받는 당신 억울하지만 이제 조금 그 열정을 수고한 당신의 성장에 활용하기로 하자. 세상은 묘해서 젊은이에 관심 끄면 매력을 느껴 달라붙는 청춘이더라. 사랑받고 싶다면 집착을 끄고 삽시다.

프로로 삽시다

꿰어야 보배, 우물을 파더라도 한 우물을 파란다. 한 가지 일이나 하나의 분야에 몰입하면 성공에 유리하다. 전문성으로 세분된 현대사회에서 한 분야를 고집하기도 쉽지 않게 되었다. 기술이 변화하는 속도가 사람의 인지를 앞지르니 상황의 변화에 따라 일의 부침도 심하다. 한 가지 일을 고집할 수 없는 시대가 된 것이다. 이제는 여러 우물을 파야 하는 시대다. 분명한 것은 여러 우물을 판다고 그 우물들을 대충 파도 좋다는 뜻은 아니다. 여러 우물을 깊게 파야 우물의 물을 만나게 될 것이다. 여러 우물을 깊게 파야 하니 살기가 더 빡빡하다.

일은 시간과 공간의 영향을 받는다. 변화의 시대에도 한 분야의 일을 숙련하고 전문성을 축적해야 한다. 산업사회에 사는 우리는 배우고 익혀 조직의 한 사람이 되면서 세상에 진출한다. 직장은 세상을 연결하는 교두보다. 직장을 선택하고 부서를 정할 때 사람들은 선호하는 부서가 있다. 선호부서도 상대적이라 시대상을 반영한다. 소위 인기부서는 경쟁이 치열하다. 그 자리를 차지하려면 공을 들여야 한다. 자리를 지키기도 만만찮다. 인기 없는 부서는 지원자가 적어 자리를 차지하기도 쉽고, 그 자리를 유지하기도 어렵지 않다. 조직에서 보직을 순환해도 마찬가지다. 인기 없는 부서에는 지원자가 없으니 한 번 근무하는 사람이 오랫동안 그 자리를 지키는 경우가 종종 있다. 가끔은 뜻하지 않은 전문가가 탄생하는 경우다. 마땅한 후임자가 없으니 한 부서에 장기 근무하면서 그 일에 숙련도를 높이는 사례다. 한 분야를 5년을 넘게 파고들면 상당한 실력자가 된다. 효율적인 업무처리에 업무 숙련도와 전문성이 미치는 영향을 고려한다면 장기적으로 재직하는 쪽으로 조직을 관리해야 한다. 공직사회에 뿌리 깊은 순환근무제도는 일반 행정가를 양성하고 민원인과의 유착을 방지함으로써 부패를 방지하는 효과를 기대한다. 순환 근무는 조직 구성원들이 자신이 소속된 부서만을 중시하고 다른 부서를 배척하는 소위 할거주의(sectionalism)를 예방한다. 부패방지와 조직 이기주의는 또 다른 시스템으로 고쳐나가고, 조직 구성원의 전문성을 높이는 기회를 제공하는 시스템을 도입해야 한다.

동물 종이 멸종하지 않고 생존하는데 다양성은 매우 중요한 지표다. 사회 구성원이 모두 하나의 분야 또는 하나의 우물만을 판다면 그 사회는 오래 유지하기 어렵다. 사회의 가치가 획일화·일원화된 사회에서 보게 되는 현상이다. 사람들이 하나의 가치만을 선호하는 사회는 죽은 사회다. 사회가 건강하게 발전하기 위해서는 중소기업이 발전하고 대기업과 중소기업의 상생하는 관계를 설정해 나가는 것이 중요하다. 개인은 한 분야를 전공하더라도 사회 전체적으로 다양한 우물을 파야 한다.

경외하며 삽시다

두려움이 없었다면 인류는 멸종했을지도 모른다. 알 수 없는 위험과 미래의 불확실성과 직면하고 극복하는데 두려움은 약과 같다. 두려움이 삼켜 공포에 질린 사람은 강박 증세를 보여 삶을 영위하는데 어려움을 호소할 것이다. 그렇다고 겁이 없어서 무모하게 행동하다가는 위험에 빠져 헤어나지 못한다. 불확실성을 준비하고 그 위험에 대응하는 합리적인 행동전략을 구상하는 정도로 두려움의 크기를 관리한다면 그 두려움은 보약과 같이 인류를 살려 위험에서 벗어나게 한다.

감염병이 주는 두려움은 세균이 눈에 보이지 않아 언제, 어디서, 어떻게 감염될지 모른다는 데 있다. 인적이 끊긴 한적한 거리를 보면서 감염병이 삶의 일상을 변화하고 있음을 실감한다. 선진국은 재미없는 천국으로, 후진국 재미는 있으나 지옥이라고 비유한다. 선진국은 사회 제도나 시스템이 안정적이고 예측 가능하니 돌발상황이 없다. 그만큼 일상이 단조롭게 느껴지기도 한다. 재택근무와 유연근무제가 활성화되어 있고, 일과 가정이 조화를 이루니 일도 삶의 일부분이다. 후진국은 선진국과는 달라 불확실성이 높아서 좋게 말하면 열광할 일이 많고 다양한 일상을 경험하기 좋다. 일을 형식에 맞춰야 하는 사회는 재택근무가 뿌리내리기란 쉽지 않다. 그야말로 뭉치면 살고 흩어지면 죽는다는 말이 통용되는 사회다.

위기는 우리에게 행동 양식의 변화와 필요하다면 인식의 변화까지도 요구한다. 재택근무와 유연근무제 그리고 사회적 거리 두기 정책을 일회적이나 일시적으로 받아들인다는 자세를 버려야 한다. 앞으로 미래사회의 삶의 일상을 미리 알려주는 신호다. 전염병이 주는 교훈을 깊이 성찰해 금과옥조로 여겨야 한다. 병균이 사라지거나 진정되면 다시 과거로 회귀하려는 용수철과 같은 대응으로는 균을 넘어서 극복하기 어렵다. 무지를 인정하고 병원체를 직시하자. 어쭙잖은 회피보다는 세상에 존재하는 악의 실체를 정확하게 바라보고 현명하게 대응하는 지혜가 필요한 시점이다. 자연의 두려운 요구에 겸허한 자세로 귀 기울여 용기를 가지고 실천 하자.

여유롭게 삽시다

찾아가는 길목에 정겨움이 가득하다. 입구에는 나무 시장이 열렸다. 나무는 나고 자란 곳이 한결같다. 움직일 수 없으니 뿌리를 단단하게 묻어 버틴다. 사는데 필요한 영양을 뿌리로 뽑아야 한다. 줄기가 자라고 잎이 무성하게 뿌리는 그 자리를 지킨다. 이동성이 없는 속성을 가진 나무를 사고판다니 시장에서 거래하지 않는 물품들이 궁금하다. 한참을 달려 도착한 시골 마을은 아기자기한 옛 시간 여행하기 좋은 극장이다. 키 작은 건물들이 크다고 다투는 모양이 초등학교 아이들이 운동장에 모여 사열하는 장면이다. 건물 사이로 난 좁은 길은 구불구불 골목길이다. 길 가장자리에는 새시 창에서 맛 냄새를 풍기며 아침을 열고 있다. 전통 떡을 만들어 파는 가게다. 꿀로 만든 떡, 가래떡, 찹쌀떡, 개피떡 이름만큼 모양과 색상이 다르다. 맛은 쌀 맛에 단맛, 고소한 맛, 콩가루 맛, 깨 맛이 어우러져 미각을 자극한다. 단골손님으로 멀리서 이 집을 달려 찾는 건 떡 장수의 인심 때문이다. 따듯하게 반겨주고 조금이라도 더 주려는 마음이 전해 느낀다. 돈으로 그 정성에 보답하려니 부끄러워 멈춘다. 맛난 떡이 더 귀하고 맛있는 건 사람의 온기가 살아 숨 쉬고 있어서다. 빈속을 아침으로 채우려 방문한 할머니 국수집에서의 음식도 정갈하고 소중하다. 한 사람이 겨우 이동할 좁은 골목길 가에 자리 잡아 허름한 외벽은 세월의 흔적을 고스란히 담고 있다. 이곳도 사람이다. 가게 주인이 내어주는 삶은 달걀 맛은 어릴 때 산 정상에서 먹던 메추리알을 연상케 한다. 삶는 기법이 달라서인가 분명 달걀인데 맛은 담백한 메추리알 그대로다. 따뜻한 국물에 정성스레 빚은 만두를 먹어 든든하다. 몸이 섭취한 사랑 때문이겠지. 복잡한 도심을 벗어나 한적한 시골길을 걸어 느끼는 사람의 온기는 추운 겨울의 눈사람도 녹게 한다.

주렁주렁 빨갛게 물들여 자랑하던 과실들은 누군가의 생명을 구했다. 새들의 먹이가 되어 하늘을 날고 있다. 잎도 열매도 모두 떨어뜨리고 앙상하게 남은 가지는 이 나무가 맺었던 열매가 무엇인지 알려주지 않는다. 가지만 앙상하니 나무는 분명하나 구분하기 어렵다. 겨울잠을 자는 동물 마냥 식물들도 이제는 단단해지면서 다가오는 봄을 준비한다. 꽃잎 피고 열매 맺을 준비를 부지런히 하고 있다. 누런 나락으로 논이라 알렸던 길가 터도 밭인지 논인지 구분하지 않는다. 나락 베어진 남은 뿌리만이 논이라 외치고 있을 뿐이다.

꼬불꼬불 도로 옆에 꼬부랑 할머니께서 길 걷는 우리를 반겨 웃으신다. 마치 '뭐요' 묻고 싶은데 실례할까 두려워 굽힌 허리를 펴서 미소 짓는다. 손자라고 믿어도 좋을 만큼 반갑게 인사 나눈다. 신작로 끝자락에는 커피 판매점이 자리 잡고 있다. 케냐 커피를 판매하는 곳이다. 저 멀리 아프리카 끝자락에서 나는 커피를 맛보다니 참 감사한 세상이다. 커피는 쓴맛, 신맛, 짠맛이 어울린 커피만이 가진 각성의 맛이다. 미각이 출중한 분이라면 다양한 맛의 세계를 두루 느끼겠지만 역시 커피는 쓴맛을 주로하고 향기로 사람을 잡는 매력이 있다. 커피 한잔으로 지구 반대 끝에 머무는 느낌을 체험한다.

손잡고 신작로를 나서던 그 시절의 추억을 넘어선다. 시골의 신작

로는 곧 쓰러질 듯 구멍가게가 힘겹게 버티고 있다. 껌과 과자, 그리고 버스표를 판매하는 곳이자 길가는 이들의 사랑방이다. 동네 출발점이자 종착 지점으로 시골 마을은 그 가게를 통해야 한다. 가게 뒤편 방앗간은 툭툭 소리로 심장 박동에 맞춰 움직인다. 울타리에서 돼지들은 목청껏 꿀꿀거려도 기계 소리에 이내 묻혀 무성영화 주인공의 입 모양 보기다. 쭉 뻗은 신작로 양쪽에는 코스모스가 한들한들 피어 있다. 바람이 지나는 길목에 자리 잡은 꽃은 잠시도 그냥 있지 않고 바람길을 안내한다. 파란 하늘에는 새들이 춤을 춘다. V자 모양으로 무리지어 나니 공간에도 길이 있다. 바람과 나름은 마음과 같으나 뚜벅뚜벅 땅 위를 걷는 걸음은 육체다. 먼 길 걸어 도착한 시골집에는 만나서 반가운 할머니가 계신다. 금방 밭에서 잡초 뜯다가 오셨는지 손에는 흙 묻은 호미와 풀 한가득하다. 고요한 시골 마을에 땔감 타는 소리와 냄새의 향연으로 밥 때를 알린다. 가마솥에 익어가는 하얀 쌀밥에 달걀찜은 덤이다. 잘 정리된 농로를 걸으며 타는 장작 냄새를 맛본다.

길가 사방에 퍼져 아무도 손 내밀지 않는 낙엽들과 나뭇가지가 외롭다. 아궁이에서 한겨울 내내 추위를 달군 마른 풀들이 쓸쓸하게 자연으로 돌아갈 준비를 한다.

회색으로 삽시다

제목이 영 마음에 들지 않는다. 검다 희다 분명해야 하는 현대인들에게 회색은 환영받지 못한다. 회색분자라 비난의 대상이 된다. 선명하면 시각을 자극해서 마음에도 쏙 든다. 화끈한 우리네 성정에도 딱 맞다. 어릴 땐 찬물이 좋지 미지근한 물은 뜨거운 것만 환영받지 못하다. 중간은 뭔가 부족해 보여 꽉 찬 걸 선호하는 기질에도 안 맞다. 이분법적 사고는 서양에서 더 익숙한 사회 인식 방식이다. 동양은 음과 양으로 구분하지만, 중용의 덕을 강조한다. 치우침이 없어야 한다는 것이다. 우리가 동양권에서 나고 생활하면서 동양의 생각 방식을 따르고 있는데 양극단에 치우쳐 살아가는 까닭이 궁금하다.

현대인은 일상이 자극에 노출된다. 끊임없는 자극에 익숙해진 현대인에게 적당한 자극은 인식하지 않는다. 더 강렬한 자극만이 현대인을 움직이는 동인이 된다. 광고도 음식 맛도 말도 자극적이어야 사람을 움직이게 하는 동력이 된다. 선명함의 무한경쟁 시대다. 물질문명의 발달로 사람도 마음보다는 돈과 물질 그리고 몸 건강이 앞선다. 눈에 보이고 만질 수 있는 신체를 중시하니 외모지상주의는 당연하다. 사람을 만나도 이익과 손실을 따지니 편안하지 않다. 더

잘나고 더 많이 가지고 싶고 서로 더 이익을 보려 온갖 힘을 다 쓴다. 아무도 손해를 보려 하지 않으니 사회는 그야말로 사랑을 찾기 어렵다.

경쟁도 좋고 자극도 좋다 치자. 왜 흥분해야 하며 상대를 눌러야 속이 풀리나 말이다. 잠시 무한경쟁 운동장에서 내려와 편안하게 호흡을 가다듬어 보라. 당신이 사는 이유 아니 이유 없는 삶도 좋다. 지금 순간 온전하게 호흡하면서 주변을 느껴보자. 찰나에서 영원을 느끼는 행복을 누리자. 이 호사가 어디에 있단 말인가. 천상의 천사들도 육신 있어 느끼는 고통과 기쁨의 체험을 누리고 싶어 질투할지 모른다. 인간의 마음과 마음으로 연결한 따뜻한 온기는 신이 인간에게 준 축복이다. 온정을 베풀어 손을 내밀어 보자. 손을 내민 당신의 마음으로 그대의 얼굴에는 미소로 충만하게 된다. 베풀어 즐거우니 당신이 그 축복을 받는다. 당신의 마음을 내어 조금만 상대로 옮겨보라. 그대에게 쏠린 무게추를 당신 친구에게로 이동시켜보자. 공감이라는 느낌은 너무나 안정적이라 호흡마저도 멈출 것만 같은 평안함과 고요함으로 당신을 안내한다. 형평 또는 균형(equilibrium)상태라 움직임이 없다. 움직여 균형을 찾을 필요가 없다. 그 상태를 유지하기 위해 부단한 힘이 쓰이긴 한다. 균형을 깨어 보려는 힘이 있다면 그 힘을 누르는 반대 힘을 쓰기도 한다. 회색은 흰색도 검은색도 머금고 있다. 흰색이 많아 하얗게 변할라치면 흰색을 누르지 않고 검은색을 조금 타면 회색빛을 지킬 수 있다. 검은색이 많아져 검게 변하려 하면 검은색을 누르지 않고도 흰색을 조금 더 타면 자기의 색상을 보호한다. 미지근한 물도 마찬가지다. 찬 성분과 뜨거운 성분을 함께 머금고 있다. 마치 인체에 적당한 균이 있어 외부의 세균 침입에도 이겨내는 것과 같은 이치다. 노년이 되어도 긴장할 필요가 없다. 함께 하는 후손들이 성장하고 있다. 육신이 속절없는 세월 앞에서 없어지더라도 슬퍼하거나 불행하지 않다. 진정한 협동과 중용의 도를 실천하는 당신이 깨친 평화다. 중간은 지혜로 세상을 바라보는 안정감을 준다. 회색을 예찬하는 이유다.

혼자로도 괜찮습니다

TV 드라마도 시대상을 반영한다. 불과 수년 전만 해도 양성 불평등과 고부간의 갈등을 풍자로 그린 작품이 많았다. 곧 도래할 미래의 눈으로 그 시대의 문제를 파헤쳐 본 것이다. 이 시대의 저 출산과 고령화 현상을 문제로 인식하는 현 세대를 미래는 어떻게 평가하려는지 호기심이 발동한다. 아마도 전혀 문제 삼지 않고 삶의 일상으로 당연하게 받아들이지 않을까 싶다.

신문 기사에 따르면* 서울 1인 가구가 느끼는 행복 정도는 20대에 절정에 이르다가 40대 이후부터 급격히 준다. 20대가 지나면 1인 가구는 다인 가구에 비해 행복도가 낮다. 활기 왕성한 젊은 날에는 혼자도 좋다. 의지하지 않는 삶이 로망이다. 거침이 없어 불편함이 없다. 청소하지 않아도, 늦잠을 자더라도 옆에서 귀찮게 잔소리하는 이 없으니 게을러도 좋다.

인간은 사회적 동물이다. 혼자서는 도저히 살 수 없다. 1인 가구라도 마찬가지다. 공기 없는 진공상태에서 생존할 수 없다. 혼자 잘 산다고 뽐내도 혼자가 아니다. 단지 관계를 줄인 것에 불과하다. 혼

* 매일경제. 서울 1인 가구 행복도, 40대 이후 뚝. 2020년 11월 26일 A31면.

자로 존재한다는 건 불가능에 가깝다. 한자어의 사람인은 서로 기대는 모습이다. 짝으로 둔 형상들이 많다. 눈, 귀, 손과 발, 신장까지도 쌍으로 존재한다. 외발자전거보다는 두발자전거가 안정감이 있다. 쌍으로 존재할 때 젓가락의 효용 가치가 있다. 세상 만물은 음과 양으로 조화롭다.

솔로라 자유로운 당신. 지독한 고독으로 떨고 있을지도 모른다. 혼자 잘났다고 으스대지 마라. 잘난 것도 못난 것도 없다. 정확하게는 모두 잘났다. 이 세상에 인간으로 태어난 것만으로도 기적이다. 당신이 잘났다. 모양이 달라도 심성이 같지 않아도 그냥 멋지다. 잘난 당신이 잘난 이웃과 함께 걸어가니 빛난다. 서로 두 손 꼭 잡고 걸어가는 노년의 모습은 얼마나 아름다운가. 함께하니 마음대로 하지 못해 역설적으로 행복하다. 멋대로 살다가 잘못된 길로 가지 않으니 천만다행이다. 혼자 걷는 길은 외롭다. 두 사람이 의지하며 걸어가니 여유롭다. 넘치거나 부족하니 서로를 위한 배려다. 나누고 더하니 기쁨은 더하다. 어울려 사는 건 본능이다. 사회적 거리 두기가 한참인 요즘도 틈만 나면 모일 태세다. 만나도 크게 달라지는 건 없다. 수다 떨며 답답한 마음을 푼다. 사랑하는 사람은 바라보고만 있어도 좋다. 혼자서는 알 수 없고 느낄 수도 없는 감정이다. 둘이라서 가능하다. 봄철 새순 돋아나듯 샘솟는 감정은 여럿이 모여 있어 더 잘 자란다. 야구장에서 혼자서 야구를 관람한다면 응원하는 재미도 없다. 여럿이 응원하며 응원가를 소리 높여 부르니 울림이 크다. 좋은 것이 있으면 조심해야 할 것들이 숨어 있다. 세상 이치다. 함께 걸어가는 인생길에는 배려와 사랑을 소풍 배낭에 넣어 둬야 한다. 당신이 지칠 때 짝꿍을 위해 조금의 사랑을 나누자. 혼자 걸을 때 느끼지 못한 감동이 있다. 결혼해서 가정을 꾸린다는 건 머리로 생각하면 힘든 일상이다. 두 사람이 만나 사랑으로 자녀를 돌

보는 삶은 자신을 물러서게 한다. 그 양보에서 진정한 인생의 배움을 얻을지도 모른다. 바쁜 일상에서 잊어버린 자신을 찾게 된다. 세월이 흘러 흰 눈이 하나둘 내리기 시작하면 인생의 추수기다. 곡식 여물 듯 당신도 어느새 단단해져 있다. 이마에 예쁜 밭고랑이 수놓게 될 때 그동안 베푼 사랑의 결실로 평화를 누린다. 사람들과 어울려 살아가는 당신이 인생의 주인공이다.

의사로 삽시다

예전에 어른들은 자식들이 판사, 검사, 의사직업 선택하기를 원했다. 경제적으로 어려운 시절이라 '사'자 붙은 직업이 안정적이고 약간의 부를 보장하기 때문이었을 것이다. 가치가 분화되지 못한 당시의 시대 상황과도 무관하지 않다.

어른이 되어 사자 붙은 사람을 만난다. 병이 찾아오면 의사 선생님과 인연 맺게 된다. 평생 판사 검사는 만나지 않아도 의사와의 만남이 없기란 쉽지 않다. 의사의 처방 없이도 잘 사는 사람이라면 하늘의 복을 타고난 사람이다. 몸이 아파 병원을 방문하면 병실은 만원이다. 세상에 아픈 사람이 이토록 많다. 만성병이라도 얻게 되면 삶에서 상당한 시간을 몸 관리에 할애해야 한다. 젊을 때는 한창 하고 싶은 일에 몰입해도 좋다. 노년이 되면 시간 관리를 지혜롭게 해야 한다. 의사는 아픈 사람을 평생을 돌보니 환자가 거울이다. 판검사도 죄와 가까운 이들을 살펴야 하니 안타까운 거울이다.

예술가나 문학가의 거울은 음악, 미술, 시, 수필이다. 어느 거울이 좋은가는 비밀도 아니다. 의사가 좋은 건 경제적인 이유가 아니다. 아파 힘든 사람을 도와 아프지 않게 해주는 선업을 나눈다. 타인의 생명을 구하는 업은 운명까지도 바꾼다. 사람의 생명을 살리는 행위

는 그만큼 신성한 신의 영역이다. 생명을 불어넣는 신처럼 의사는 사람을 구하는 신성한 직이다. 인간인 의사는 최선을 다할 뿐 치료의 힘은 신의 영역이다. 환자도 의사의 처방에 신실하게 따라야 한다. 같은 처방으로도 치유와 불치로 달리 나타나는 건 환자가 처한 실존적 이유 때문이기도 하다.

환자가 병을 극복하고 툴툴 떨고 일어나면 그 모습을 본 의사는 기쁨과 보람으로 충만하다. 치유는 환자가 의사에게 줄 최고의 보답이자 선물이다. 환자가 의사를 사랑하는 마음을 키우면 약 복용과 몸 관리에 주의하게 된다. 의사가 환자를 사랑으로 바라보면 약 처방이나 환자 상태에 더 관심을 키운다. 사랑이 치유의 약이다. 사랑이 만병통치의 근원이다. 사랑하는 마음이 있어 명의다. 사랑해서 병을 이긴 환자라 의료진의 사랑받는다. 사랑하니 사랑받는다. 의사는 망가진 인체 시스템을 회복시켜준다. 불균형한 인체 상태를 다시 균형점을 찾도록 돕는다. 불평등한 사회를 균형으로 교정하자. 병든 사회를 치유하는 의사가 되자. 인체를 치유하는 의사는 병원에 있다. 사회를 건강하게 만드는 의사는 사회에 있다.

병원에는 의사와 환자가 있다. 사회에 속한 당신은 의사인가 환자인가. 사회의 병든 모습을 지닌 당신은 환자다. 사회의 모순을 고쳐 선업을 베푸는 당신은 의사다. 잘못을 스스로 깨쳐 수정하는 그대는 병을 극복하고 치유한 환자다. 아픈 병은 운명으로 찾아와 육신의 환자가 되는 건 운명이다. 받아들여야 한다. 받아 수용하고 극복하자. 사회의 아픔은 선택이다. 운명 탓 못한다. 사회 의사나 사회 환자는 운명은 없다. 오로지 선택과 행동이다.

공동체의 문제와 그 해결방법을 정확하게 인식하고 처방하는 의사가 되자. 인간의 숙명이 아닌 바에는 고쳐 베풀고 나눠주는 사람이 좋지 않겠나. 운명을 극복하는 에너지는 마치 옹달샘이 깊어 마르지 않는 샘물처럼 당신 마음속 깊은 곳에 있다. 의사는 좋다는 어른 말씀이 옳다.

그대로 삽시다

세상만사 같은 듯해도 다르다. 같아서 싫증을 쉬이 느낄까 조물주께서 이렇게 다양하게 만들었는지 모르겠다. 사람의 얼굴만 봐도 눈, 코, 입, 귀, 눈썹은 같은데 모양은 달라 비슷한 얼굴 찾기도 쉽지 않다. 똑같은 얼굴은 없다. 외모는 똑같을지라도 사람은 내면에서 우러나오는 인성이 있어, 얼굴의 모양에 목소리의 크기와 톤, 행동이나 몸짓으로도 구별한다. 신기하다. 놀랍다.

불경에서 말하는 '천상천하 유아독존'이 어렴풋이 이해된다. 한 사람은 이 세상에 특별한 존재다. 유튜브 시대로 너 나 없이 연예인처럼 동영상의 주인공이 된다. 예전에는 방송에 출연하는 유명 배우의 얼굴이 특출 났다. 보기에 좋게 생긴 외모도 그 사람의 능력이다. 잘 생겼다는 기준이 뭔지 갑자기 궁금하다. 얼굴이 보기 좋다는 건 상대적이다. 시대에 따라 미모의 기준이 달랐다. 뚱뚱하고 풍만한 체구가 미인의 첫째 기준이었던 시대도 있었고, 빼짝 마른 몸이 미인의 기준으로 중시되던 시대도 있다. 지금 조금 못났다는 평가를 받는 사람이라면 지금 시대에 태어난 탓을 해도 좋다. 아니 그렇게 절망할 필요는 없다. 사람마다 미인을 평가하는 기준이 다 다르다. 자신이 깡마른 사람은 평균적으로 상대방은 살이 조금 있는 편이 좋다. 반대로 풍만한 사람은 마른 사람을 선호할 개연성이 높다. 이 가설은 맞지도 틀린 것도 아니다. 단체로 음식점에서 메뉴를 주문하면 자기 메뉴보다 상대방의 메뉴가 더 맛있게 보인다. 자기가 가진 것보다 상대방이 가진 것에 더 관심을 가지는 인간 심리의 발현이다. 마른 사람은 아무리 먹어도 살이 찌지 않아 고민이다. 통통한 사람은 물만 먹어도 살이 붙으니 기가 찰 노릇이다. 세상은 이토록 공평하지 못하단 말인가. 그러니 마른 사람은 적당히 살을 달고 다니는 사람을 부러워 존경한다. 자석도 다른 극을 서로 당긴다고 하니 자연의 이치와 사람의 마음 당김도 별반 다르지 않다. 성향이 같은 사람이 잘 어울린다 싶어도 쉬이 싫증을 느낄 수도 있다. 너무 성향이 달라 공통점을 찾기 어려운 사람도 인연을 이어가기 쉽지 않다. 적당히 다르고, 그 다른 취향이 귀엽게 보인다면 그 사람은 당신의 인연이다. 꽉 잡아라. 이미 당신은 그 사람을 사랑하고 있다.

머리로 판단해보면 틀림없이 단점인데도, 그 단점이 단점으로 보이지 않는다면 천생연분이다. 연애편지를 받았다. 조사로 '의'를 써야 는 자리에 '에'로 틀리게 쓴 것을 보고도 미소 짓는다면 이미 사랑의 마음이 커진 상태다. 사랑은 이렇게 상대의 단점마저도 장점으로 가치전환을 한다. 세상을 아름답게 볼 수 있는 눈은 사랑하는 마음이 있어 가능하다. 지금 당신의 얼굴이 밉다고 평가하는 사람이 있다면 사랑하지 않기 때문이다. 그냥 보내라. 세상 많은 사람이 못난이라고 불러도, 사랑하는 사람의 눈엔 세상에서 가장 아름다운 얼굴로 보일 거다. 그러니 얼굴이 못생겼다 잘났다 실망하고 뽐낼 필요 없다. 사랑하는 사람을 만나라. 잘난 얼굴로 뽐내기란 식은 죽 먹기다. 그래 이쯤 되면 사랑하는 마음이 미인을 결정하는 중요한 요인이라는데 동의할 거다. 사랑은 인간이 느끼는 감정이니 자세하게 미인이 되는 방법을 알려주겠다.

아름다운 사람은 자기다운 사람이다. 솔직한 사람이다. 거짓이 없고 진실한 마음으로 책임을 다한다. 인간에 대한 깊은 성찰이 있어 소중하고 인간의 존엄성을 가진 존재임을 인식한다. 타인에 대한 배려도 소홀함이 없다. 맡은 일도 소명 의식으로 처리한다. 병이 찾아와 아픔을 관리하러 입원을 하게 되면 환자도 힘들고 간호하는 분들도 이만저만 스트레스가 아니다. 환자야 병실에 누워서 의료진의 처방에 따르면 족하다지만, 간호하는 분들은 환자의 요구에 응답해야지 수시로 처방약을 주사한다. 경험과 숙련도에 차이가 있다. 주사를 한 번에 성공하면 환자는 마음 편하다. 몇 번의 주사로 불편함을 경험한 환자라면 주사 한 방에 성공한 그 분이 세상에서 가장 아름답게 보일 거다.

그렇다. 아름다운 사람은 프로다. 자기 업무에 전문성과 숙련성을 갖춰서 도움을 받으러 방문한 사람에게 편안한 컨설팅과 서비스를 제공한다. 자신의 업무에 서툴러서 자신과 주변을 곤란하게 만들지 않는다. 대중 앞에서 발표하는 사람이라면, 밤 새워서라도 자신의 발음과 억양을 연습하고 점검한다. 목소리를 높여도 보고, 낮게도 깔아보며 녹음된 자신의 목소리를 되새기면서 듣는 사람에게 쉽고 이해하기 좋게 노력을 아끼지 않는다. 숙달된 전문가는 반복과 연습으로 만들어진다. 누군가 멋지게 자신의 일을 처리한다면 그 사람은 보이지 않는 자신만의 연습으로 익힌 거다. 자 이제 미인이 될 준비를 하자. 사랑하자. 사랑하는 사람을 만나자. 사명감으로 자기 일을 숙달하자. 자신을 존중하는 마음을 키우자.

좋은 건 반복하며 삽시다

선행은 지나침이 없다. 동양관은 넘치는 건 부족한 것보다 못하단다. 부족한 물은 컵에 남아있으나, 물이 넘쳐 많으면 주위를 어지럽힌다. 예로부터 과한 것을 경계했다. 조금 부족한 것에서 건강을 찾기도 한다. 무소유, 소식, 검소한 생활(minimal life) 같은 풍조도 풍족한 현대사회에 피로감을 느낀 현대인들의 심리 상태를 반영한 것이다. 고혈압도 문제지만 저혈압도 위험하다. 그러고 보면 인체도 중간지대 중용이 건강의 회복하는 지표가 아닌가 싶다. 지나쳐도 괜찮은 건 선한 마음과 착한 행동이다. 호구라고 빈정거려도 구더기 무서워서 장을 담그지 못할 수는 없지 않은가.

봄, 가을이면 젊은 청춘의 결혼 소식이 많다. 결혼 소식을 전하려 방문한 예비 신랑 신부에게 전하는 말이다. 좋은 습관은 중단하지 말고 계속하라고. 오랜 기간 사귀다가 결혼하면 결혼생활도 연애 생활의 연장이다. 출근하며 프렌치 키스를 한다. 퇴근하면 마중 나와 함께 집으로 걸어간다. 작은 일상이다. 십 년을 넘게 일상이 반복된다. 딸, 아들이 학생이 되어 다 큰 아이들 보기에 멋쩍어 하루 프렌치 키스를 생략한다. 하루 생략한 그 이후 가벼운 입맞춤은 영영 지구에서 멸종한 공룡 신세다. 손잡고 걸어가기도 마찬가지다. 어느

순간 각자 걷다 보면 그 걸음에 익숙해져서 손잡기가 어색하다. 그렇다. 나쁜 습관은 악마와도 같다. 악마의 속삭임이 얼마나 달콤한가. 손잡지 않고 혼자 걸으면 빨리 걷고 마음대로 걸어가니 세상 편하다. 편하다고 좋은 건 아니다. 손잡고 걸어보라. 몇 십 년을 함께 살아온 귀한 인생이다. 따뜻한 체온에서 전해오는 무언의 목소리는 당신의 감수성을 깨워준다. 발걸음을 맞추느라 불편한가. 걸음걸음 보조를 맞추니 부부가 정답다. 사랑과 존경과 믿음이 무럭무럭 자란다. 함께 걷고, 가벼운 입맞춤의 선물은 당장에는 눈에 보이지 않는다. 시간을 타고 먼 훗날에 멋진 당신을 만드는 질료가 된다.

가정을 이루는 예비 신랑 신부에게 전한다. 서로 존중하라. 말과 행동과 모든 가정에서 존중의 예절을 배워 실천하라. 서로 존중하고 아름다운 언어로 말하는 부모와 함께 자라는 자녀는 그 언어 습관을 그대로 배운다. 자녀들이 책과 친구삼길 바라는가. 그렇다면 지금 당장 TV를 꺼라, 거실에서 TV 코드를 뽑아 버려라. 퇴근하고 쉬고 싶겠다. 그래도 책을 들고 읽어라. 소망하는 자식의 모습은 부모 자신이 그렇게 행하면 된다. 본보기가 된다. 어설픈 말과 조언으로 자식을 가르치려 들지 마라. 자식도 사람이다. 사람은 경험하지 않고는 변화하지 않는다.

겸손하게 삽시다

뽐내면 질투하는 마음을 키운다. 잘났다 외치면 환경은 비슷하게 덜 예쁘게 만들려는 반작용의 힘이 생성된다. 씨름도 상대의 힘을 부드럽게 받아 활용함으로써 상대를 제압한다. 힘에 맞서 싸우기보다는 제풀에 넘어가게 만드는 기술이다. 기성세대는 힘들고 어렵게 이룩한 과실이 대단하다 주장하고 싶을 거다. 신세대는 버릇없고 경험이 일천해 기성세대가 보기엔 온통 부족하게 보이겠지. 기성세대를 신세대가 정확하게 인정하고 존중해주길 바라는 게 부질없는 헛된 망상일 수도 있다. 기성세대가 신세대를 공감의 눈으로 인정해주지 못하면 신세대도 마찬가지로 기성세대를 받아들이기 어렵다. 세대의 벽이 없지 않기 때문이다. 뽐내기보다 나누고 베푸는 데 집중하자. 낮은 자세로 힘 빼고 움츠리자.

공동체의 구성원들이 선호하는 정책이나 제도가 바람직한 목표 달성과 조화되지 못하는 경우 어떤 선택이 지속가능하고 바람직한가. 코로나19는 일상을 불가능하고 불편하게 만드는 재료지만 지구 입장에서는 자연을 회복하는 소중한 모멘텀이 되기도 한다. 합리적인 개인이 비용 편익 분석의 결과 유용성의 관점에서 선택한 대안이 공동체의 정책과 제도로 뒷받침하는 자연스런 현실이 바람직한가의

이념 측면에서도 살펴볼 필요가 있다. 예를 들어 대기업이 성장하고 계속해서 유지하기 위해서는 변해야 하고 나눠서 통해야 한다. 승자 독식의 기업경쟁 문화만으로는 가지지 못한 계층들이 다수가 되어 기업을 위협할 수도 있다. 제도로서의 민주주의는 다수의 의사가 정책과 제도에 투영되는 걸 용인하고 가능하게 만들기 때문이다. 사회가 진전할수록 부드럽고 더 겸손한 태도를 지닌 사람이 공동체를 위한 일을 맡을 가능성이 커진다. 대중은 자신을 충분하게 이해해주고 대변해주는 자신과 비슷한 수준의 인형을 선호하는 경향이 있다. 과거에는 명망가들이 대중의 선택 받기에 유리했다. 정치인의 독설과 부고에만 나지 않으면 어떤 형식이든 이름 알리는데 급급했던 시절은 과거로 접어든 느낌이다. SNS의 발달과 정보통신기술의 발전에 힘입어 대중도 정책 담당자 못지않게 지식과 경험을 공유하게 되었다. 한없이 겸손하고 작아져서 섬김의 진리를 되새김해야 한다.

막내라 많은 혜택을 받았다. 그 시절 학습지를 받아 본 학생들이 많지 않을 텐데. 초등학교 1학년 때 한글을 크게 쓰는 학습지를 받는다. 학습지 앞면에는 간단한 단어들을 점선을 따라 써보는 연습장이고 뒷면의 반도 마찬가지로 점선을 따라 쓴다. 나머지는 연재하는 만화로 채워졌다. 제목은 기억하지 못하지만 어린 시절 읽은 그 만화의 내용은 마음에 깊이 남아 지금도 회상하는 부분이 있다.

줄거리는 하늘나라의 왕자가 하지 말아야 하는 행위를 하면서 이야기가 시작된다. 마치 성경에서 인간이 사과나무를 먹지 말라는 말씀을 따르지 않고 그 금지의 선을 넘어버리는 것처럼, 인간의 삶의 시작은 경계를 넘는 행위가 씨앗이 된다. 일탈이 창조를 낳기도 하고 선구자가 될 때도 있다. 하늘나라 왕은 아들 왕자에게 저 담벼락을 무슨 일이 있어도 넘어서 보지 말라고 한다. 천상의 인물들도 금지된 행위를 하고 싶은 욕망은 어쩔 수 없나 보다. 그 왕자가 하지 말라는 행위를 하고 만다. 담벼락 너머를 호기심으로 살피는 순간 왕자의 몸은 지상에 떨어지게 되고, 그 모양은 두꺼비가 된다. 두꺼비로 천상에 내려온 왕자는 그야말로 비천한 생활을 하게 된다. 두꺼비의 인생이 얼마나 힘들까. 비가 내리면 어슬렁거려서 습한 곳을 찾으니 인간들이 보기에는 그리 달갑지 않은 이다.

이야기는 여기서 끝나지 않는다. 이 두꺼비를 누가? 그래 그 지상의 공주가 예뻐한다. 공주의 사랑을 받은 두꺼비는 드디어 왕자의 모습으로 변화하고 공주와 결혼을 한다. 공주와 결혼한 천상의 왕자는 지상에서도 왕이 되어 행복하게 산다는 해피앤딩 이야기다. 스토리가 비슷비슷하니 연상되는 소설들이 많다. 연재된 만화를 읽으며 당시에는 꽤나 진지하고 흥미진진하다.

지금도 기억 속 깊은 곳에 남아 있으니. 스토리에 심취한 나머지 천상의 왕자와 두꺼비에 일체감을 느낀 듯하다. 하늘에서 귀한 신분이지만 지상에서는 비천한 몸을 가지고 생활하면서 언젠가는 왕이 되어 사회를 위해 큰일을 하는 그런 사람과의 일체감을 느낀다. 추운 겨울에도 봄을 느끼고 고진감래의 격언을 믿는다. 몇 번의 시험 낙방도 신이 더 큰 인물을 만들기 위해 계획한 매뉴얼이다 믿었다. 크게 쓰기 위해 낙방의 고통도 여러 번 느끼게 하는 거라고 생각한다.

이런 예정된 마음 자세가 시험을 포기하지 않게 작용했다. 물론 성격상 다른 직업군은 상상할 수도 없었기에 갈등할 이유가 전혀 없었다. 그러고 보면 참 행운의 인간이다. 행운이 줄줄 따라다닌다고나 할까. 코로나 19로 모두가 건강과 안전을 최우선 가치로 두고 있다. 자연스레 업무와 일을 병행해서 가정과 건강이 중요한 가치로 자리하면서 재택근무와 유연근무제가 활성화되는 사무실의 분위기가 있다. 욕심도 내려 놓고 가장 낮은 자세로 가장 작은 모습으로 겸손

하려 한다. 이 세상은 고요하고 평화롭고 사랑이 충만한 한 줄기 빛과 같다. 나서는 순간 모든 것들이 나와 대등하게 경쟁하고 싸우려 들지만, 낮고 없어지고 내세우지 않고 숨고 없어지는 순간, 세상은 고요와 평안 그리고 정적이 충만한 그야말로 온전한 행복이 가득하다.

무의식을 보며 삽시다

시도 없이 깨침은 없다(You never know until you try). 인생길에 센서인 몸을 지닌 인간은 실행을 통해서만 깨침을 얻는다. 실행하면 그 결과는 무엇이 있으나 실행하지 않고 피하면 아무것도 일어나지 않는다. 피할 수 없는 상황마저도 강제된 실행이지만 내면화를 한다. 그 시절 시간을 얼마나 효율적으로 활용했는가. 후회나 멈추기에는 남은 시간이 속절없이 흐른다. 죽음과 마지막을 인식하는 이야말로 자신이 할 수 있는 최대한의 잠재력을 끌어내려 한다. 톨스토이가 병환을 넘어 명작을 세상에 보였던 것처럼, 무의식의 세계를 적나라하게 보여주는 시도야말로 이런 잠재력을 노출하는 좋은 방법이다. 무의식은 관습과 제도 같은 누더기 옷으로 덕지덕지 쌓여 감히 햇빛을 보지 못한다. 더 은밀하게 숨어 더 교묘하게 의식을 좌지우지한다. 마음속 깊은 무의식을 가장 낮은 자세로 자신을 더 작고 비천한 존재로 하나의 점으로 만들어보라. 무의식이 더 작아진 의식을 넘어 그 모습을 그대로 보여준다. 마치 댐의 꽉 찬 물이 봇물 터지듯 무의식의 경계가 무너진다. 그대를 앞세우지 않고 가장 나은 저 지점에서 한 점보다 작은 존재로 둘 때 그때 무한 자유와 해방감을 느끼게 된다. 무의식마저도 조정하지 못한다. 깃털보다도 더 가

벼워 산들바람에도 우주의 이곳에서 저 끝까지도 간다. 바람 아니 공기의 자연스런 흐름도 움직이게 한다. 자유롭고 평화롭다. 미세한 자연의 변동에도 쉬이 변화하니 나의 속은 평정하다. 겉이 쉬이 변하나 속살은 평화롭고 우주의 영겁을 체험한다.

중용으로 삽시다

고교 시절 은사님께서 중용의 미덕을 반복하시면 젊은 우리는 회색이라고 받아들이는 데 인색했다. 이제 그 은사님의 나이를 세상에서 지내고 보니 중용에 도가 있다는 의미를 희미하게 볼 수 있다. 중용의 덕을 강조하는 이유는 세상의 이치가 중용과는 거리가 멀기 때문인지도 모른다. 한쪽으로 쏠림이 자연의 힘이 작용하는 이치이기에 중용을 지키기란 자연스레 이뤄지는 지점이 아니지 않나 싶다. 늘 깨어 자각해야 지키고 유지할 수 있는 중간지대라는 생각이다.

인생이 무상한데 그 상을 유지하기란 얼마나 어려운가 말이다. 변화하는 세상에서 지금 이대로의 모습을 유지하는 것도 나름 멋진 인생이다. 동안이 시대를 거슬러 칭송받는 것도 같은 이유다. 변하는 데 함께 변해가는 것도 자연스럽고 가끔은 그 자연을 거슬러 보는 것도 재미다. 너무 자연을 거스르면 나중에 자연이 맛보여주겠지. 동기라고 사회에 첫발을 함께 내딛는다. 지난 시간이 화살과 같다. 이제 조직의 중역이 되어 앞에서 끄는 역할을 맡고 보니 모두 듬직하다. 든든하다. 남은 역할 모두 무탈하게 좋은 성과를 내고 후손들에게 좀더 나은 상태로 자리를 비워주기로 하자.

지금 이 의자는 잠시 우리에게 자리를 내어준 것일 뿐 우리 것이

아니다. 세상 천지에 내가 소유한 것은 없다. 잠시 빌려서 쓰고 있는 행운이 있을 뿐이다. 내일 당장 의자 주인이라고 나타나서 의자를 달라거나 치울 수도 있는 거다. 잠시 앉을 수 있으니 얼마나 감사한가.

인정합시다

조직 관리의 원칙이다. 적재적소의 원칙은 인사관리에 적용된다. 조직도 살아있는 유기체라 나름의 질서와 생존전략이 있다. 조직에 중요한 역할을 담당하는 부서에 인재들이 모인다. 인재들은 일하는 방식이 스마트하고 태도와 결과물도 조직 목표에 합당하다. 일하는 과정에 재미와 보람을 맛본다. 조직의 보상도 충분하다. 조직의 사랑을 듬뿍 받으며 조직과 함께 성장한다. 딜레마다. 평범한 인간은 일은 적게 하고 보상은 충분히 받으려 한다. 조직의 햇살을 받지 못해 소외된 곳에서 근무하는 직원들은 패배주의에 물들기 쉽다. 조직의 보상과 따뜻함이 미치지 못하니 틈만 나면 숨으려 한다. 약삭빠른 직원은 승진이 임박할 때에 바쁜 부서를 지원한다. 약은 직원은 약하다. 이익이 없다 싶은 시점엔 적당히 쉬면서 일하는 곳을 선호한다. 관리자는 눈에 훤히 보인다. 조직은 그리 만만하지 않다. 대략 10년 전쯤 예측이 맞아 떨어지는 걸 보면 사람의 눈의 엇비슷하다. 바보같이 우직하게 주어진 자신의 일을 황소처럼 버텨내는 이는 어디서건 누군가의 마음에 울림을 주고 그 여운은 오래오래 남는다. 약삭빠르게 산다고 속으로 쾌재를 부르는 우둔함이 답답다.

천년을 아니 평생을 그 자리에서 한 발짝도 움직이지 않고 땅에

두고 하늘 향해 자라는 나무의 버팀을 배우자. 내가 환경을 변화하는 것도 멋지나 환경의 조건에 나를 맞춰 버티는 것 역시도 경외롭다. 자신의 여건을 충분히 관찰하자. 좋으면 좋은 대로 나쁜 것이 있고 나쁘면 나쁜 대로 좋은 것이 따른다. 선택은 당신의 몫이다. 좋은 인연이 그립다. 그 인연의 수레바퀴에 올라타기로 한다. 자 가자.

보고합시다

조직에서 보고는 인체의 혈액과 같다. 보고를 통해서 정보와 지식과 경험이 공유되고 조직의 사이버네틱스가 가능하게 되기 때문이다. 보고는 배려이기도 하다. 알고 있는 사실들을 상사나 동료 또는 부하에게 전달하는 행위야말로 자신를 확장하는 중요한 수단이다. 믿고 지지해주는 사람들이 많아질수록 영향력의 크기가 더 커지는 계기가 된다. 나눔과 배려에서 보고와 지식 나눔이 핵심이다.

보고가 중요한 다른 이유는 관리자도 인간이라는 사실이다. 관리자는 100% 완벽하지 않다. 누군가의 도움이나 배려로 부족함을 채워야 하는 존재다. 관리자가 인식하는 상황 또는 조직의 문제를 완벽하게 정의할 수 없으므로 그의 지시도 부족함이 있을 수밖에 없다. 지혜로운 관리자일수록 그 부하직원이 문제 상황을 자율적으로 파악하고 적극적으로 문제해결을 위해 노력하는 모습을 보면서 신뢰의 감정을 가지게 된다.

언제나 진솔하고 꾸밈이 없어야 한다. 정직이 최선이다(Honest is best policy)란 문구가 여기에 적합하다. 상황이 좋든 좋지 않아도 위험의 요소가 무엇인지를 정확히 알아 적시에 알려서 대응할 수 있는 시간을 확보해줄 수 있다면 금상첨화다. 조직에 충성심과 열정을 가

진 직원이라면 상황을 바라보고, 해석하며, 보고한다. 조직이 직면한 문제는 계층의 위치에 따라 달라 보이기도 한다. 실무자가 해결하기 어려운 문제일지라도 상급자는 그 문제를 쉽게 해결할 수 있는 권한과 책임을 가지는 경우가 종종 있다. 문제를 바라보고 접근하는 방식에도 차이가 있다. 규칙을 지켜 준수해야 하는 사람과 규칙을 수정할 수 있는 권한을 가진 사람이 문제를 인식하고 푸는 방식은 같을 수가 없다. 조직은 이렇게 다양한 관점에서 문제를 다차원으로 확인하고 풀어가는 과정이다.

목표 달성을 위해서 서로가 조금씩 양보하고 수정하는 사이버네틱스 자율성 인간이, 열정과 적절한 상황 판단능력을 가진 사람이 조직에서 성공할 가능성이 크다.

지켜 삽시다

정보통신 기술의 발달은 인간 사회에서 소통과 연결을 쉽고 가능하게 해준다. 유기체도 사회 시스템도 연결되고 순환되어야 살고 성장할 수 있다. 고립되고 단절되고 막히면 그 시스템은 오래지 않아 없어지게 된다. 혈액이 원활하게 순환되어야 건강한 것처럼 정보와 지식도 교환되고 적재적소에 전달되어야 좋다. 연결망이 지수 함수적으로 증가하게 되면 뜻하지 않은 부작용도 생긴다. 과도한 관계 짓기는 조직과 인간을 불필요하게 과잉된 에너지 사용을 촉발하기도 쉽다. 중용지도 내지는 절제의 미덕을 발휘할 때다. 소통이 삶의 중심으로 자리매김하는 지금은 적당한 거리 유지로 서로를 지켜주고 존중하는 지혜가 절실하다. 따뜻한 난로도 닿으면 화상을 입기 쉽다. 관계로 상처받은 자아가 있다면 그곳에 딱지가 생기고 딱지가 자연스레 떨어질 때까지는 거리 두기를 실천하자. 자연의 치유 능력으로 회복될 때까지 사랑으로 바라보고 참고 기다리자. 위대한 자연은 회복력과 치유의 힘이 함께 작용하기 때문이다.

거리두기 운동이 한창이다. 코로나 19 감염자 수가 진정되나 싶더니만 요 며칠 사이에 널뛰기를 한다. 감염병에 얼마나 취약한지를 단적으로 보여준다. 인간은 군집을 이루고 살아가는데 익숙해진 탓

일까? 사람들은 틈나면 함께 모여 식사하고 대화하고 싶고 모여 있고 싶은 거다. 혼자 있는 외로움과 막연한 두려움을 극복하는데 다른 사람과 한 공간에 함께 있을 때의 평안함을 잊지 못하는 거다. 혼자 있는 지금이 오롯이 대화할 수 있는 소중한 시간일진대 말이다. 자신과 대화하고 어루만져주자. 마음대로 움직이느라 몸은 만신창이가 되어 가고 있을지도 모른다. 배려하는 만큼 살펴봐 주자. 이렇게 힘든데 어찌 상대방을 편안하게 위로할 수 있을 건가. 코로나19의 감염위험은 현대인들이 자신을 돌아보고 돌보는 기회다.

꽃잎 애상

혜세의 혜안에 무릎을 친다. 소설 수레바퀴 아래서는 거짓이기 보다 사실을 풀어 간다는 느낌을 지울 수 없다. 삶이 소설인가 싶기도 하다. 출근길의 풍경이다. 꽃잎의 흩날림이 마치 장마 비와 같다. 뽐내기에 부끄러워서인가 왜 이리 속절없이 견디지 않고 바람에 자리를 내어주는지. 봄바람이 인연을 갈라놓는구나. 피고 지는 것은 자연의 이치라서 순응하는 삶도 멋지다. 흐린 날 꽃들의 흔들림의 향연을 물끄러미 바라본다. 바람을 핑계로 떨어지는 꽃잎이 멋지다. 버티는 것도 멋지고, 포기도 괜찮다. 뭐가 어때서. 무상한 일상에서 가지에 붙어서 말라지는 거나 지금처럼 바람에 흩날리는 거나 자연으로 돌아가는 건 마찬가지다. 모양과 형식에 차이가 있어도 귀결점은 같다. 아웅다웅해도 결승점에 도달해서 안도의 숨을 쉬는 건 마찬가지다. 끝은 또 다른 시작임을 인식하고 순간순간과 그 과정에 최선을 다했노라 자신에게 말할 수 있다면 만족한다. 과정에 반칙하지 않고 지킬 건 지켜가면서 땀 흘리는 모습은 아름답다.

과정을 순간의 연결로 보라. 순간에도 처음과 끝을 자리매김할 수 있다. 한 번 사는 인생을 여러 번 나눠서 다양한 체험으로 수놓을 수 있는 방편이기도 하다. 인간은 나약하다는 명제에 동의하는가.

약한 인간이 우주를 이해하려 한다. 강하고 딱딱해서 구부릴 수 없다면 견딜 수 없는 힘에 직면해서는 부러지기 쉽다. 약하고 부드러우면 외부의 고난을 흡수하면서 자신의 모습을 변형시켜 어려움을 피하고 극복할 수 있다. 계절의 변화에 따라 나이테를 두르는 나무처럼, 고난에 마주하는 우리 인간들이 부드럽게 버텨야 하는 이유이기도 하다. 어렵고 힘든 시기는 단단하게 단련시키는 기회이기도 하고, 진정한 우정을 확인하는 과정이기도 하다. 힘들고 어려운 상황에 빠져 도움이 절실하게 필요한데, 반대로 하나둘 떨어져 나가는 손길은 야속타. 이래서 나약한 존재라 하구나. 정작 도움이 필요해서 부탁하면, 우정을 다져왔던 친구보다 전혀 의도하지 않은 분이 손 내밀어 준다. 내미는 손은 넘치는 여유로움과 힘을 가지고 있다는 자신감이다. 몸과 정신을 매일매일 닦아 경험과 지식 배움에 게을리 하지 않고, 자아를 낮춰 공간을 깊이 있게 만들어야 한다. 목마른 사람에게 물 한 모금이 되고, 궁금해 하는 이에게 길이 되어줄 준비를 하자. 멋지게 어울려 닮아가자. 사람과의 인연 맺음에 신중을 기해야 한다. 사람의 향기는 자신도 모르게 스며들기 때문이다.

미워하거나 차별해서는 안 된다. 바이러스에 감염되지 않도록 주의해야 한다. 손 씻기 하듯이 순간순간 수양하자. 게을리 하지 말고. 어려울 때 따뜻한 도움의 손길을 내는 멋진 이에게는 감사함과 고마움을 표현하자. 진정한 사람의 사랑 씨앗을 찾게 될 거다. 그 씨앗을 예쁘고 풍성하게 꽃피울 그대는 선한 사람이다.

믿었던 사람이 밉다. 기대에 어긋나서다. 믿음도 미움도 기대도 모두 내 탓이다. 내 것이다. 미리 알려 주는 자상함이라도 있었으면 상처로 남진 않았을 거다. 그 자상함의 소망도 내 마음에서 일어난 것이다. 내 마음 내가 제자리를 찾아 둬야 한다. 상념은 어디서 오는 건가. 속 깊은 마음을 근원에 두고 보니 작아진다. 티끌보다 적은 먼지가 되어 바람 따라 떠나보낸다. 밉지도 미쁘지도 않다. 그냥 그렇다. 거침없다. 더 낮은 곳에서 다름을 높이자. 이 흔들림이 또 다른 기쁨의 재료가 된다. 가치 있는 방황이다. 기쁨에 붙어 있는 눈물과 희생을 어루만지자. 용서와 감사로 온 누리를 포옹하자. 부족함을 보았으니 공하다. 더 비우자. 동심이 놀 수 있게.

항아리 예찬

일상이 된 대학 가는 길에 항아리 가게를 처음 봤다. 대도시 한가운데 항아리 공장인지 가게인지는 알 수 없으나 항아리가 잔뜩 진열되어 있는 모습을 보니 옛 추억이 절로 난다.

여러 개를 쌓아 탑이 된 모습을 보니 바람 불면 넘어질까 염려하는 마음이 일어난다. 공기의 이동에도 능히 버티겠지. 흙에서 형태를 갖추고 세상에 쓰임을 받기 위해서는 뜨거운 가마솥의 사랑을 받아야 한다. 그 사랑을 견뎌야 한다. 가마솥에서 버티고도 세상에 진열되기 위해서는 모양도 색깔도 장인의 마음에 들어야 한다. 쓰임새의 기능을 하려면 빈틈도 없어야 한다. 밑바닥에 작은 구멍이라도 생기는 경우에는 가차 없이 깨진다. 흙으로 다시 돌아가야만 한다.

나름 완벽한 자태를 뽐내게 되었다. 진열대에서 당당하게 자기를 보여준다. 얼마나 오랜 시간을 서 있어야 하는지는 알 수 없다. 쓰임새에 맞게 사용할 주인과의 인연 맺기에 달려있다. 진열대에 두고 감상하기를 즐겨하는 사람. 비어 있어서 담아두는 용도로 사용하는 주인. 항아리는 비어 있어서 채울 수 있다. 크게 빈 용기는 크게 담을 수 있어 좋다. 작은 모양은 적은 양을 보관하기에 좋다. 크기는 그 때 그 때에 따라 필요하니 좋고 나쁜 기준도 딱히 없다. 간장을 담아두는 쓰임을 받으면 평생 짠맛을 버텨야 한다. 고추장을 보관하면 매운맛도 즐겨야 한다. 된장의 구수함과 함께 할 수도 있다. 짠맛, 매운맛만 있나 달콤함도 있다. 추운 겨울날 할머니께서 땅에 묻어둔 항아리에서 꺼내준 얼음이 된 홍시 하나는 단맛을 전해준다. 달콤함을 먹는 대신 꽁꽁 언 추위를 이겨내야 한다. 총각김치, 배추김치, 김치를 숙성시켜 발효된 김치의 맛을 새로 만들어주기도 한다. 시간을 머금고 변함없이 지켜주기도 하고 때때로 새로운 멋진 성상으로 변화시켜주기도 한다. 자신은 그 모습 그대로 있으면서, 세월이 흘러 색이 바래 자리를 내어주기도 한다. 새로운 기술의 발달로 기능을 대체하는 기계들에 의해서 대체되기도 한다.

사람이 느끼는 싫증과 권태로 남은 자리마저도 빼앗기기도 한다. 단단한 돌이 떨어져 깨어지는 아픔보다 더 흔한 일상이 되었다. 그렇게 우리 옆에 있던 항아리는 점점 그 설자리를 잃게 된다. 너를 보면서 지난 추억을 떠올릴 만큼 희귀하고 귀한 존재가 되었다. 사람들은 너의 존재를 기억하지 못하더라도 세상은 잊지 않을 거다. 비워 있어 채울 수 있는 항아리는 전통이고 역사다.

걸어 봅시다

나란히 걷는다. 앞장서 걷는다. 알록달록한 자연을 둘이서 총총 걷는다. 느릿느릿 걷는 이는 유유자적하고 빠른 걸음은 운동이니 몸에 이롭다. 함께 걷는 모습이 제 각각인 까닭은 아무 이유도 없다. 혼자보다는 둘이서 걸을 때, 둘보다 여럿이 동행할 때 걸음의 속도는 늦다. 서로 보조를 맞추기 위함인가. 천천히 걸음은 오래 걸을 수 있으니 멀리 가는 길은 동행이 좋다고 했던가. 인생길에 가족, 친구, 동료, 이웃과 어우러져 살아가는 이유이기도 하다.

들판에 들꽃도 옹기종기 모여 있다. 정보이론에도 동일 업종이 한 곳에 모이는 건 소비자의 거래비용을 줄여 판매를 용이하게 하는 잇점이 있기 때문이다. 함께 한다는 것의 장점이다. 역설적이게도 혼자 바로 설 수 있을 때 함께 할 수 있다. 성인이 함께 걷는 모습과 어린 아이를 보호하며 걸어가는 모습은 같을 수가 없다. 아기는 부모가 업고 다니고, 어린이는 보호자가 위험을 관리하며 이동한다. 청소년기에는 비를 맞으면서도 자연을 즐기곤 했다. 거센 바람도 맞아보면서. 흐리고 비 내리는 날 혼자 비 맞고 걷기엔 왠지 처량하다. 친구들이 함께 젖으면서 왠지 모를 기쁨을 찾는 건 함께 견딘다는 동료의식 때문일 거다. 맑고 쾌청한 날도 좋지만 걷기 힘든 날은 특히나 사랑하는 이와 함께 걸을 때 힘이 난다.

흐림, 비 외부의 조건들이 사랑을 덮을 수는 없다. 함께 걷자. 특히 어렵고 힘든 날 누군가의 우산이 되어 비 맞으며 걷자. 비는 어머니가 윗목에 콩나물을 위해 한바가지 부어주던 갈증을 해결하는 물이 된다. 같이 걷자. 넘어지지 않게 보조를 맞추면서 나란히 걷자. 보기에도 좋다.

깨끗하게 삽시다

맑다. 깨끗하다. 맑은 물에 물고기가 없단다. 물고기가 없으니 청정함이 유지되기도 쉽다. 깨끗한 물은 늘 자정작용을 한다. 고인 물은 자정작용을 쉽게 하지 못하니 맑은 물은 그 작용이 끊임없는 환경이 있다. 순수함과 깨끗함은 가만히 있어, 고립된 상태에서 얻어지는 것이 아니다. 한 번의 결심과 행동으로 결정된다기보다는 끊임없는 노력과 정진이 선행되어야 한다. 마치 호수의 오리가 한가롭게 그 자리를 지키고 있는 것처럼 보여도 진실은 쉼 없이 다리를 움직이고 있다.

균형된 삶을 사는 이는 습관으로 힘들이지 않고도 순수하게 살아가기 쉽긴 하다. 순수하게 사는 삶이 얼마나 유용한가는 각자의 관점과 입장에 따라서 달리 자리매김하리라. 유용성에 관한 나의 사례다. 발간한 책으로 자신을 성찰하고 누군가에게 작은 도움이 된다면 무엇을 더 바라겠는가. 막상 책이 출간되어 창고에 보관되어 있다고 하니 그 책들이 세상의 빛을 보았으면 하는 욕심이 일어난다. 그 생각은 부차적이라 집착하게 되면 애당초 마음먹은 의도가 설 자리가 없어지게 된다. 사람들의 따뜻한 사랑이 있어 세상에 탄생하고 생명을 받았다. 사람은 사랑으로 도움 받으며 살아간다. 감사와 고마움을 표현하기 쉽지 않다. 세상사 꿰뚫는 진리는 우리네 범부들도 순간은 느낄 수가 있다. 그 느낌을 제대로 포착해서 헛된 집착과 유혹을 뿌리칠 용기 있는 자가 되자. 때때로 닦고, 가끔은 초심으로 돌아가자. 어른이라면 동심을 간직하자. 어릴 때 소꿉장난하던 친구와 함께 부르던 동요 한 곡 정도는 품어야 한다. 닭이 계란을 품어 병아리가 탄생하듯 당신이 품고 있는 그것이 희망이요 생명으로 기쁨이 될 수 있도록. 마음에 품고 행동하자.

동심으로 삽시다

동심으로 돌아가자. 과거를 회상하자는 의미는 아니다. 순수하게 꿈꾸던 어린 시절 품었던 마음을 복원하자. 배고파 울며 꿈꾸며, 세발자전거를 함께 타기도 하고, 옹기종기 모여 텔레비전 시청도 함께 나누던 시절. 물건들은 부족했으나 친구도 사람 마음도 넉넉했었던 그 시절, 지금과는 사뭇 다른 모습이다. 이제 자원은 풍부함을 넘어 낭비한다. 과잉의 시대다. 소중하고 귀하게 대하는 마음은 작아 과소의 시대다. 저출산으로 인구는 줄고 있다. 사람의 마음과 자원이 비대칭인 오늘이다. 불균형은 균형을 찾아가겠지. 어리다 유치하다 싶다. 자연이 준 선물이다.

가끔 흥얼거리는 동요를 처음 듣는 곡조라 놀라는 모습에서 동심에도 세대 차이가 존재하나 싶다. 어린이 노래도 무상하구나. 푸르다, 파란마음 하얀마음을 불러보자. 아무렇지도 않은 그대는 기성세대다. 모른다면 신세대다. 마음으로 읽어보는 노랫말은 시 한 편과 같다. 노래하는 마음 있어 혼자 걷는 이 길에는 외로움이 발붙일 곳 없다.

떳떳하게 삽시다

조직 경제학은 주인-대리인의 관계와 정보의 비대칭 현상을 연구하는 학문이다. 정보가 비대칭인 상황에서 행위자의 이익 추구 행위를 어떻게 파악하고 통제하는가에 관심 있다. 자동차 이력제도나 각종 자격증 제도들이 정보 비대칭을 완화하기 위한 제도적 장치로 도입된다. 대리인의 이익 추구 행위를 통제하려는 제도들이 완전하지 못하다. 제도에 더해서 새로운 제도를 만들어도 한계가 있기 마련이다. 유연근무제를 도입했어도 실제 업무 현장에서 활용하지 못하고 있다. 빛 좋은 개살구다. 먹지 않고 쳐다보는 보리굴비 신세다. 왜 좋은 제도를 활용하지 못하는 것일까. 답은 아마도 믿지 못하기 때문이다. 재택근무를 신청하면 집에서 업무를 얼마나 하는지를 알지 못하니 관리자는 그 제도 사용 승인을 주저하게 된다. 업무를 수행하는 직원을 믿기 위해 업무 계량화 내지는 정확한 업무 파악과 측정 시스템이 작동되어야 한다. 그 위에 직원의 높은 업무 몰입도와 거짓을 멀리하고 진실에 입각한 업무 수행 자세가 전제되어야 한다. 그래 자신을 속이는 행위는 부끄러워 체면이 깎여서도 하지 않겠다는 결단이 필요하다. 누가 뭐라 해도 그대는 프로니까. 자신에게 떳떳하게 살자.

공존하며 삽시다

인식하는 자아는 없다고 한다. 자아가 있는지 없는지의 논의는 여기서는 하지 않겠다. 인간의 느낌이라는 것에 관한 것이다. 불쾌하고 유쾌하다는 감정은 어디서 어떻게 형성되고 느껴지는 걸까? 동일한 현상이나 사건을 접하면서, 듣고, 보고, 촉감하면서, 서로 다른 느낌 또는 감정을 일으키는 건 인간들이 공통된 감각 기능을 가지고는 있으나 그 센서가 느낀 감정의 점수나 수준은 서로 다르다는 것을 의미한다. 마치 컴퓨터 하드 본체만으로는 구동되지 못하고, 윈도우7 버전에서는 구동되던 명령어가 윈도우10 버전에서는 제대로 작동하지 못하는 원리와 유사하다. 감수성이 성숙하지 못한 사람이 느끼지 못하는 감정을 다른 인격체는 능히 느끼고 감정을 가지기도 한다. 감정을 느끼는 사람들 간에도 그 감정의 결과는 다양한 스펙트럼을 보인다. 윈도우 X가 더는 통용되지 않는 지금을 살아가는 현대인은 컴퓨터 소프트웨어가 향상되면 따라야 하듯이, 환경변화에 적응해야 살아남는 시대다. 문제는 변화의 속도와 폭이 점점 커진다는데 있다. 세상을 보고 연결하는 창이 자주 변화하는 시대에는 내면의 성장이 외형의 변화를 따라가지 못해 마음 부적응 현상이 나타나기도 한다. 소위 젊은이들이 늙은이를 꼰대라 칭하는 그 사람들도 알고 보면 힘들고 불쌍한 우리 이웃일 수도 있다.

컴퓨터의 세계는 냉혹하다. 새 버전이 통용하면 이전의 버전은 세상에서 더는 발붙이지 못한다. 인간이 사는 사회가 컴퓨터 세계의 원리와 같을 수는 없다. 물질세계를 경험하는 우리 인간은 무의식적으로 그 세계에 빠져들기 쉽다. 물건을 다루듯이 인간을 관리하려 든다. 쓰고 버리는 물건이나 사람이 아니다. 아껴 절약하고 사랑으로 덧칠하자. 윈도우10이 대세인 시대에 윈도우7도 공존하는 멋진 여유를 가진 사회가 그립다.

한 달

한 달 30일이란 인간이 설정한 시간은 각자의 느낌과 상황에 따라 지루하리만큼 길기도 하고, 찰나와 같아 눈 깜짝할 사이이다.

가을이란 곡식도 여물고 봄에 뿌린 씨앗의 열매를 수확하기에 언제나 풍요롭다. 보릿고개를 지날 때도 이때는 한 끼 보리밥이라도 먹을 수 있었겠지. 요즘이야 물질이 풍부한 시대라 명절 같기야 매일이다. 어째 메말라만 가는 건 왜인지. 생각 한 줄기는 인간은 베푸는데 그 존재 이유가 있다는 것이다. 챙기고 고집한 지난 시절이 부끄럽다. 가진 게 있다면 나누고 베푸는데 존재 이유를 두겠다.

유명한 가수의 공연으로 의미를 찾는 이가 많다. 고향, 사랑, 인생, 세 단어에 인생 역정이 함축되어 있다. 도시화로 고향을 잃은 세대는 고향을 그리워 노래했다. 사랑은 인류가 사는 이유니 사랑 없는 세대는 없겠다. 인생은 철학과 연결된다. 인생길이 반복되면 시간에 끌려간다. 시간을 내가 쥐고 끌고 가려면 순간순간 반복하지 말고 새 일에 도전해 보라. 북한산 코스모스 아래서 아름을 떠올린다. 길 지나는 사람이 카메라를 들이대 마치 찍는 느낌이다. 설마 찍었을까 싶다. 젊을 땐 예민하게 굴었을 거다. 이제 노년으로 들어서니 부끄럽지도 않고 뻔뻔해진다. 아름에서 사진작가 아저씨의 사진 촬영에 신호등 대기하다가 횡단보도를 건너다 말고 항의했지. 유럽의 남부를 여행했으나 기억에 뚜렷하게 남는 건 '아를'이다. 그냥 지났다면 '아를'도 다른 소도시와 별반 다르지 않을 거다. 인생이란 이런 거다. 편하게 지나면 손에 남는 게 없다. 어렵고 힘든 시절이 우리가 지구별에서 경험할 수 있는 최고의 축복이다.

고난이 신이 내린 축복이란 비밀을 알기에는 꽤 많은 시간이 흘렀다. 인간이 감내하고 받아들일 수 있을 만큼의 고난을 준다. 고난을 자초할 필요는 없다. 그 고난이 각성제가 되도록 고난관리의 지혜를 배워 키우자.

사랑이 지켜 본다

사람은 혼자일 때 흐트러지기 쉽다. 아무도 지켜보지 않는 상황에서 본성을 여과 없이 드러내려 한다. 인간의 본성에서 성선설이 옳은지 성악설이 맞는지는 알 수 없다. 인간은 영혼 또는 생각이라는 주머니가 있다. 생각하고, 말하고, 언어라는 상징을 사용하는 인간은 남다른 세계관을 가진다. 상징이라는 울타리에 의해 정의되고 해석하는 현실을 본다. 인간의 실존주의 철학이 그 타당성을 갖게 되는 이유도 같은 상황을 서로 달리 해석하는 인간 본질 때문이다.

낮말은 새가 듣고 밤 말은 쥐가 듣는다는 옛 속담이 하나도 틀린 게 없다. 문명이 발달하지 못한 과거에도 언행을 항상 조심해야 하거늘 CCTV가 도처에 널려있고 사방팔방에서 찍어대는 개인 카메라에 노출된 현대인들은 혼자 떨어져 있기 쉽지 않다. 혼자 따돌림 당하면 왕따라고 하지만 가끔씩은 속세를 벗어나 조용히 혼자만 있고 싶은 게 현대인의 소망이 되어 버린 지 오래다. 코로나 19의 창궐로 지구는 잠시 쉬는 웃지 못하는 긍정 효과를 보면서 그동안 성장과 규모의 확대를 위해 달려온 현대인들의 시간여행이 외부의 확산에 치중한 나머지 내면을 부실하게 하고 있지나 않은지 돌아보게 한다. 휴일이라 잠시 자연을 찾을라치면 언제 모여들었는지 그 많은 인파의 물결에 직면한다. 사람도 혼자만의 치유를 원했을 찐대 그것이 쉽지 않다. 가끔 한가로인 시골길이라도 걷는 행운이 찾아오면 추억으로 돌아갈 표를 거머쥔 것과 같다. 코스모스가 활짝 피어 신작로에서 반겨주고 상큼한 대기의 공기는 도시에서의 삶을 잊기에 충분했다. 밥을 짓는 때라도 맞춘다면 구수한 장작 때는 내음은 시장기를 넘어 향수로 배부르기 충분하다.

청춘의 젊음이 주는 상큼함과 발랄함은 어느새 흰 머리와 주름살이 깊어지니 혼자 걷는 씩씩함도 걸음걸음과 다르지 않다. 혼자 있더라도 근신하고 주의하는 삶의 자세가 필요하다. 독방에 혼자 있는 순간도 함부로 허투루 시간과 공간을 사용하는 죄를 짓지 않아야 한다. 옷도 단정하게 정리하고 얼굴도 깨끗하게 씻어 세상에 부끄럼을 조금이라도 줄여야겠다.

계획없이 삽시다

사람이 살아가는 모습은 각양각색이요 천차만별이다. 인간이기에 공통의 모습도 보이지만 얼굴이 서로 다르듯이 쌍둥이도 똑같은 인생을 살기란 불가능하다. 같은 인생 경험을 했다손 치더라도 그 경험을 받아들이고 해석하는 모습도 천양지차다. 인생 종착역에서 각자의 인생을 돌아본다면 가시밭길을 어떻게 헤쳐 나갔나 싶을 거다. 조바심에 관한 이야기다. 몸 관리를 하는 중에, 작은 계획을 기획했지. 이 시간이 지나면 저녁으로 비빔밥이 먹고 싶다. 한식집 종료 전에 도착해서 맛있는 저녁 비빔밥을 먹는 상상을 하니 불편함도 느끼지 못하고 지났다. 좋은 일에는 나쁜 일도 따르는 게 세상의 이치다. 비빔밥을 먹지 못한 건 조바심 때문이다. 비빔밥 먹는 생각에 서두른 게 화근이 되어 마무리 시간이 한참 지체되었다. 조바심을 내다 일을 그르친 거다. 어떤 일을 매듭짓는 데는 필요하고도 충분한 숙성의 시간을 기다려야 한다.

현대인들은 대량 소비와 생산에 익숙해져 지긋하게 기다리고 준비하는 여유가 부족하다. 필요한 건 당장에 자기 손에 쥐어야 속이 풀리니 모두가 빨리빨리 병에 걸린다. 그렇게 빨리 달려봤자 크게 달라지는 인생도 아니다. 조바심 때문에 인체의 놀라운 비밀도 하나 알게 된 건 흙에서 진주를 캐는 느낌이다. 경험하지 않아야겠지만, 삶의 경험이 의미 없는 것은 없다. 소독제는 오염제거에는 좋지만, 피부세포를 약하게 한단다. 세상에 좋은 건 꼭 반대되는 힘을 가지고 우리 앞에 나타나는 건 신이 그렇게 셋팅해 둔 것 같다. 담담하게 여유로운 인생길을 걸어야지 다짐하면서도 문득문득 생겨나는 조바심으로 인생은 그렇게 살만한 거다.

잔잔한 파도가 좋긴 하지만 그 평온함이 돋보이는 건 파도가 있기 때문일지라. 파도는 삶의 활력으로 만들어가면서 좋든 나쁘든 인간이 정한 기준에 맞춘 거라 신이 보기에는 좋다 나쁘다는 경계도 없지 않을까 싶다. 진인사대천명이라 했다. 사람이 할 수 있는 최선의 노력을 다하고 결과는 겸허하게 받아들이기로 하자.

바보로 삽시다

과공비례란다. 사회생활을 시작하던 시절에 웃으면서 인사를 잘했다. 웃는 얼굴과 인사하는 태도는 좋은 평가를 받는 이유의 하나다. 웃는 얼굴에 험담하기 어렵고, 인사 받는 사람은 인사하는 사람으로부터 존중받고 대우받는 느낌이라서 미워할 이유도 없다. 사람으로부터 인정받기 위해서는 웃는 얼굴과 인사는 중요한 미덕의 하나다.

밝고 미소 띤 얼굴로 사람을 대함은 좋은 예절이다. 인간실격의 앞부분에 사람의 웃는 얼굴이 얼마나 비굴하고 마음에 들지 않는가를 적나라하게 묘사한다. 내면의 진실과 일치하지 않는 외면의 모습들에 역겨움과 두려움을 포착했다. 사람과 사람과의 관계에서도 마찬가지다. 인간은 실존주의 철학에서 강조하듯이 나와 다른 인격체의 생각과 느낌 그리고 인식의 틀을 알 수 없다. 서로를 정확하게 알 수 없다는 인간의 실존적 한계야말로 인간 성장의 밑거름이 된다. 사실에 관해서는 의견대립이 없으니 발전 또한 없다. 의견과 생각의 차이는 인간 사회의 다양성과 발전 가능성의 씨앗이 된다. 불일치와 갈등으로 역사의 발전이 거듭되었는지도 모른다. 살다 보면 상대의 기분이나 감정에 맞추는 경우도 비일비재하다. 자신의 감정에만 집착하는 삶이 반드시 옳다고 볼 수 없다. 인간사회가 사람으로 군집을 이루고 있을진대, 고집만으로는 살아나갈 재간이 없다. 적당히 타협도 하고 맞춰도 주고 그러면서 이익도 취하는 그런 관계다. 아버지가 선물을 사준다고 할 때도 자신이 좋아하는 선물을 말하지 않고 아버지가 좋아하는 선물을 좋아한다며 내면과 다른 거짓을 통해 아버지를 기쁘게 해주려는 마음. 그 마음은 속과 겉이 다른 불일치의 모습이지만, 과연 그 선택이 좋다, 나쁘다 쉽게 결론을 내릴 정도로 인간세상이 그렇게 단순하지 않다. 가끔은 필요에 따라 상대방이 기뻐하도록 자신을 속이는 경우도 많다. 다만 속과 다른 겉모양으로 내면이 다치는 우를 범해서는 안 된다. 진실과 다른 선택을 할 때도 분명하게 자신이 그런 선택과 결정을 하고 있음을 인식해야 한다.

거짓된 웃음으로 자신을 속여서는 안 된다. 자신에게 솔직하고 겉과 속이 다른 경우에도 정확하게 그 본질을 바라보는 지혜가 필요하다. 가끔은 상처받은 내면을 위로해주는 외면의 모습도 필요하다. 자기 사랑의 출발은 자신의 모습을 정확하게 보는데서 시작한다. 상처받지 않고 당당한 자신을 사랑하자. 그 사랑이 자신을 둘러싼 타인과 자연에게 따뜻함으로 확산되도록 말이다.

절망에 숨은 희망

사람은 참 이상하다. 대단하다고 해야 하나 아니 인간이 아니라 세상의 이치가 그런 건지 모르겠다. 인생을 살아가면서 가끔 극하면 통한다는 의미를 되새긴다. 시간이 지날수록 체념과 포기, 그리고 받아들임과 익숙함이 어우러져 희망보다는 걱정의 마음이 더 커지더군. 대학을 졸업하고 대학원에 입학하듯 아무렇지도 않게 담담하게 수용하고 극복하니 한편으로 대견하기도 하다.

절망의 나락에 던져져서 끝없는 낭떠러지 속에서 희망을 발견한다면 그건 너무 늦은 건 아닌가 말이다. 그런데 그 절망의 끝에서 낙담하고 포기하지 않고 일어설 꿈을 가진다는 게 인간의 저력이다. 모든 것들을 포기하고 놓아버려야 할 수밖에 없어 선택지가 남아 있지 않다. 공의 상태에서 꿈이라는 상상의 세계는 아픈 현실을 버티는 마약과 같다. 허황된 꿈은 현실을 살아가는 이에게 독이 되지만, 지독한 어려움에 처한 이에게는 현실을 잠시 잊고 새 출발을 다짐하는 약이 되기도 한다.

진실과 사실이 중요하지 않다. 어떻게 바라보는지가 중요한 열쇠다. 어려움을 풀어줄 열쇠는 현실 인식의 태도와 자세다. 자신을 점검하고 작게 만들고 가장 낮은 곳에 두자. 깃털보다는 가벼운 먼지

티끌 한 조각보다 더 미미한 존재로 만들어보자. 몸과 마음이 가벼워 힘든 고통이 주는 무게감도 전혀 느끼지 않는다. 바람보다 가볍고 물보다 부드러워 외부의 큰 충격에도 아무런 저항을 할 필요가 없다. 그 자체로 평온하다.

포기할 수 없어도 삽시다

죽음을 선택할 자유가 있는가? 안락사를 인정할 것인가의 문제와 함께 고민해볼 주제다. 죽음을 바라보는 관점에 따라 죽음을 선택할 자유를 인정할 것인가의 판단도 달라진다. 자살을 할 권리가 인간에게 있다고 보는가의 문제와도 관련된다.

효용과 경제적 관점에서는 안락사와 자살은 플러스효용과 마이너스 효용의 크기를 비교해서 결정할 수 있다. 연명치료를 하면서 개인이 얻게 되는 효용 가치의 합과 그에 따른 고통과 비용을 포함한 마이너스 가치의 합을 비교해서 효용 가치의 합이 더 크다면 안락사는 부정할 것이며, 마이너스 가치의 합이 더 크다면 안락사는 긍정될 것이다. 인본주의 관점에서는 안락사는 부정된다. 인간 생명의 천부적 가치를 인정한다면 인간의 생명은 한 개인이 자유롭게 포기할 수 없는 절대적 가치를 가진다는 것이다.

낮게 삽시다

고기압에서 저기압으로 이동한다. 높은 곳의 물이 아래로 흐른다. 양이 차면 넘친다. 균형을 찾아간다. 좋다 나쁘다는 느낌 감정도 시간이 지나면 중간으로 희석된다. 가끔 인위적으로 한 순간을 잡으려 한다. 그럴 수는 있다. 안 되거나 그럴 수 없을 때도 고집 부려 묶어두려는 걸 집착이라고 한다. 겨울이 지나면 봄이 오듯이 자연은 그렇게 흘러간다. 계절의 변화가 없는 곳의 자연도 이치가 작동한다. 순리대로 사는 삶이란 흐름에 맡기며 중간 또는 평균 또는 균형 맞춰 사는 것이다. 평화로워서 다른 균형점을 지향할 필요가 없고 이동이 없는 상태는 변화가 없어 재미가 없을 수는 있겠다. 무상한 자연과 인생에서 그 상태는 이상향이겠다. 가끔 삶이 무료하다 싶을 땐 약간만 잠시 벗어나 보자. 너무 힘들지 않게 말이다. 평화로운 일상을 회복하자.

자신을 낮춰 자연을 공경한다. 내가 높은 곳으로 가서 자리 잡으면 주변이 아래로 보인다. 사람과의 관계에서 자신을 낮춰 상대를 공경하는 마음 자세는 공경의 시작이다.

자신을 진정으로 낮추기 위해서 깨달아야 하는 사실은 인생이 무상하다는 것. 생로병사의 인생 역정에서 변화하지 않는 것은 없

다. 모두가 변화하기에 잠시의 멈춤이 더 빛날 수 있다. 고요와 평화가 주는 멈춤의 선물을 느끼기 바란다. 우주의 중심에서 행성들의 움직임을 가만히 지켜볼 수 있는 건 중심에서 고요하게 멈춰 쉼이 있기 때문이다.

도움 받고 삽시다

타인의 성공이나 잘나감을 질투하기 마련이다. 질투란 상대방을 흠집 내는 옳지 못한 태도다. 나 자신은 질투를 경계하고 주의해서 그런 태도를 내면화하지 않도록 갈고 닦아야 한다. 상대방이 나와 같기를 기대하기란 또한 옳지 않다. 사람을 자신이 바꿀 수 있다는 생각도 버려야 한다. 사람은 그 자체로 자연이고 존중받아야 할 존재다. 질투하는 사람에게는, 자동차의 엔진오일을 주기적으로 교체하듯이, 조언을 구해 성장이 상대의 도움 때문이라는 착각을 가지게 해주는 방편이 도움이 된다. 인간관계로 맺어진 사회이기에 이런 방편이 진실한 방법인가는 회의가 든다. 가능하면 철저하게 혼자서 성찰하고 관계를 너무 확산하지 않는 방편이 더 나아 보인다. 너무 많은 인간관계로 자신을 피곤하게 만들 필요는 없다. 꼭 필요한 사람들과 깊은 관계를 맺고 유지하는 게 정신건강에도 좋다. 누구를 만나고 교제하는가가 성격형성에 영향을 준다. 그만큼 환경이 중요하다는 의미다. 가능하면 좋은 선한 느낌과 기운을 교환할 수 있는 사람들과 인연의 끈을 맺는 게 중요하다.

변화로 삽시다

익힐 습. 연습하고 계속 시도하며 습성으로 익숙해지기까지 얼마나 많은 시간과 노력이 필요한가? 습관을 하나 가진다는 건 어린 새가 날개 짓을 배우는 것처럼 삶의 몸부림의 결과다. 그 습관을 변경하려는 건 더더욱 어렵고 힘든 과제다. 마치 도화지에 그려진 그림을 지우고 새로운 그림을 그리는 것이 백지 도화지에 스케치하는 것보다 더 어려운 것처럼. 4차 산업혁명의 물결이 인간과 컴퓨터의 새로운 관계 질서를 형성하려는 이 시점에서 기존의 습성을 새롭게 조명해야 하는 도전에 직면한다. 뭉치면 살고 흩어지면 죽는다는 격언은 코로나19로 힘든 지금의 현대인들에게는 더 이상의 설명력을 상실하고 말았다. 뭉치면 감염되고 흩어지면 산다. 점심 혼밥이 일상이 되고 있다. 조상들이 돌아봐 본다면 혼자서 식사하는 혼밥은 왕따의 한 모습이라고 평가했을 터. 이제는 유연근무제, 혼밥, 비대면 회의와 학습 등 혼자 놀이를 즐겨야 한다. 혼자 놀면서도 공동체의 과제들을 숙의하는 성숙한 민주시민으로 성장해야 한다.

시간은 세월은 육체의 노화를 진행한다. 육신이 늙어지면 때로 정신도 함께 늙어진다.

자연현상을 거슬러 인간의 의지로 변화시키는 사람이 있다. 이 변화는 늙어지는 변화와는 조금 결이 다르다. 가치관을 달리하고 세상을 보는 눈이 변화하는 것이다. 세상은 그대로인데 세상을 달리 보게 된다. 세상의 변화는 불편함을 개선하려는 결과 만들어진 부산물이다. 변화는 그 사람이 현재의 인식이나 관점으로 살아가는데 자신이 불편한 느낌과 감정을 가지고 그 불평을 자신의 성찰로 귀결시켜 원인을 자신에게서 찾고 바꾸려는 시도의 결과다. 불평을 상대방에게서 발견하는 사람은 자신은 그대로 두고 상대를 변화시키려 조언과 충고를 아끼지 않는다. 사람은 경험하지 않고 경험을 통해 마음 생각을 변화할 때 행동이 변한다. 경험의 결과 쓰디쓴 과실의 맛을 느끼고 그 맛을 음미하고 숙성시켜 자신으로 오롯이 내면화해야 겨우 조금의 정서변화가 생긴다. 이 크고 작은 변화는 행동의 변화로 나타난다. 이처럼 행동의 변화는 어렵고도 힘든 과정의 결과다. 철저한 자기반성 없이 변화한다는 건 불가능하다. 변화 이전에 고착된 자신의 가치관은 시멘트보다 더 견고해 꼼짝하지 않는다. 나이가 들어 갈수록 그 강도는 더 단단해진다. 노인이 자신의 철학이나 삶의 방식을 바꾼다는 건 산꼭대기에서 우물물 찾기보다 어렵다. 감염병의 확산은 그동안의 삶의 방식을 변화하기를 요구한다. 실상은 어떠한가. 처음의 경각심은 시간이 지나면서 흐지부지 일상으로 인식하면서 당초에 다짐한 거리 두기나 재택근무제든 유야무야되고 만다. 습관을 바꾼다는 건 이처럼 불가능에 가깝다. 그럼에도 우리 인간은 변해야 한다. 변화는 병아리가 계란을 깨고 나오는 진통을 감수하지만 그 변화로 닭이 되어 세상에 달걀을 선물할 수 있다. 계란으로 안주한 삶보다는 세상의 주인공으로 누리는 닭이 좋지 않은가. 어렵고 힘든 변화를 기꺼이 감내하고 변화의 팁과 영감을 얻기 위해 독서하고 사색하고 사람 만남에도 배움을 찾는 호기심과 열정을 항상 인생 배낭에 넣고 가슴에 담고 살아가야 할 이유다. 변화된 당신은

어제의 그대가 아니다. 선구자다. 변화의 과정과 결과를 체험했으니 그 인생 성공이다. 그 변화로 이제 상대의 불편함을 편안하게 변화하게 도와 줄 씨앗을 준비했으니 베푸는 인생을 실천할 수 있다. 마치 등산으로 산을 올라본 사람이 산길을 걷는 방법을 코칭해 줄 수 있는 것처럼. 잔잔한 바다도 아름답다. 가끔 파도치는 해변에서 변화의 몸부림을 배워두자. 변화는 나로부터 나로 인해 시작된다. 세상은 그대로인데 세상을 바꾸는 가장 쉽고 아주 어려운 방식이다. 내가 변한다.

투수는 직구와 변화구를 적정하게 배합한다. 인생은 꺾이고, 상처받고, 버텨나가는 변화구다. 직선은 외부의 저항이 없어 쭉 그대로 나아가 거침이 없다. 직선에서 경험하지 못하는 소중한 체험은 돌아가는 길목에 있다. 시골길이 굽이굽이 꼬부랑길에서 다양한 경치를 보게 된다. 꾸불꾸불 꼬부랑 시냇물이 요란하거니와 주변과 부딪치고 소리 내어 자신을 정화한다. 맑은 물로 거듭난다. 직선으로 흐르는 시냇물보다 굽이굽이 흐르는 물에 영양이 많아 물고기들이 많다. 굽이치는 아픔이 있어 그 자리에 물고기들이 편히 쉴 작은 집을 마련한다. 사람도 마찬가지다. 고생을 많이 겪어 힘든 인생길을 걸어온 이는 편안한 휴식처를 상대방에게 쉬이 허락한다. 관용과 나눔은 그 사람의 인생 역정을 그대로 보여준다.

고인 물은 썩는단다. 어르신이 활동을 못해 누워만 지내면 걷기 힘들어진다. 시스템의 자정 능력이 있어 생명력을 가진다. 스스로 정화하기 위해서는 부단히 움직여야 한다. 그 동작은 외부로 표출되지 않더라도 내부에서 끊임없이 흘러야 한다. 지금의 나는 곧 다른 나로 태어나는 모태다. 변화하고 성장하면서 자기답게 정의하는 근원적 속성은 유지해야 한다. 순간순간 도전하고 껍질 벗는 순발력을 갖추자. 오래되어 허물이 크고 단단해지면 옷을 갈아입기란 여간 힘든 게 아니다. 젊을 때 맨손체조야 운동이 될까 싶어도 나이 들면 아침 기상 몸 풀기야말로 장수의 거름이 되는 큰 체력 단련 활동이다. 변신을 즐기자. 변심은 하지 말고.

돌보며 삽시다

뭐가 그리 좋은가 싶다. 그냥 주변 인연들과 즐겁고 화목하니 좋다. 맑은 날이 있으면 흐리고 구름 짙은 날도 있기 마련이다. 억지로 흐린 날을 맑게 변화해 봐도 쉽지 않다. 마음 닫으니 다른 창이 열린다. 열린 창으로 새바람을 불러보자. 글로 연결한 세상은 더 큰 문으로 안내한다. 물건을 버리고 비워 공간에 새 기운을 받아들이듯 말이다.

온 세상이 몸살을 앓고 있다. 전대미문의 전염병 확산이 전 세계를 힘들게 하는 건 지구화의 진전과 무관하지 않다. 교통정보통신기술의 발달로 이제 세계는 하나로 연결되었다. 네트워크의 진전은 좋은 것(goods)도 빠르고 정확하게 전달하지만, 동시에 나쁜 것(bads)의 전파 속도도 빠르게 한다. 기후변화 현상에 지구적·총체적 대응이 중요한 이유도 바로 여기에 있다. 네트워크로 연결된 현대사회에서 '나는 자연인이다'는 TV 프로그램이 중년층에게 인기를 얻고 있는 이유는 연결이 주는 편리성에 상응해서 그만큼 피로감을 느낀다는 의미다. 혼자 아무런 간섭받지 않는 공간에서 마음껏 자유롭게 지내고픈 마음은 현대인의 로망인지 모른다. 현대인들은 사소한 움직임이나 선택 나아가 숨 쉬는 행위까지도 자유롭지 못하다. 길을 걸을 때도 우측통행을 해야 안전하고, 운전도 각종 교통법규를 준수해서 안전운전을 해야만 한다. 잠시 한눈을 팔거나 마음대로 운전대를 움직였다가는 경찰의 단속과 범칙금을 받기 일쑤다. 거리에 설치된 카메라는 당신의 일거수일투족을 지켜보고 있다. 당신이 법규나 사회규칙을 위반하는 행위를 조금이라도 할라치면 어김없이 촬영하고 제재의 손을 내밀 거다.

자동차 매연과 생활 속에서 배출되는 대기오염물질들은 당신이 숨 쉬는 활동까지도 제약한다. 담배 연기에 민감한 사람이라면 누군가 무심코 피워대는 담배 연기에 호흡 멈추기를 반복한다.

당신이 금과옥조로 여기는 개인정보도 철저하게 보호된다고 믿기 어렵다. 각종 카드에 내장된 사람의 정보는 그 사람의 동선과 선호와 소비패턴까지도 저장한다. 무심코 방문한 음식점 정보를 구글이 알아서 바로 음식점 평가 점수를 물어본다. 누군가가 자신의 모든 행위를 지켜보고 알고 있다는 사실에 직면해서는 개인정보가 누출되어도 민감하게 대응하지 않게 되고, 적당히 오염된 대기 오염물질을 호흡하더라도 그냥 타협하고 만다. 교통위반 범칙금도 한 번 내는데 신중하지 몇 번 반복하면 범칙금 고지서에 관한 경각심도 희미해진다. 이처럼 인간은 망각의 동물이기도 하다.

반대로 도망가는 사람도 있다. 복잡하고 연결된 사회가 싫어서 산골짜기 오두막집에 들어가 철저하게 사회와 단절된 생활을 영위하기도 한다. 그렇지만 단절의 삶을 사는 이는 소수다. 연결이 주는 편리함을 포기하기 쉽지 않기 때문이다. 은퇴 후 전원생활을 꿈꾸며 귀농을 멋지게 상상하지만, 실상은 대도시 아파트를 벗어나기 힘든 것도 평생을 편리하게 살아온 그 기반들을 버리고 불편함이 가득한 시골 전원생활을 견뎌 낼 용기와 오랜 습관을 변화할 만큼의 열정이 없기 때문이다. 노년이 되면 육체적인 건강도 젊을 때처럼 활발하지

못하다. 새로운 환경에 적응하고 개척하기란 쉽지 않다. 연결이 더 심화 되고 사회는 더 익숙한 편리함으로 변화하게 된다. 그 사회에 속한 인간은 편리함만 추구한다.

편리함과 익숙함과 담을 쌓고 살라는 말은 아니다. 연결이 불가피하고, 네트워크가 주는 장점을 살리자. 인간답게 살아보자. 인간답게 산다는 것은 정을 느끼고 사람을 서로 존중하고 배려하며 사랑하며 사는 것이다. 기계가 주는 효율과 편리함도 인간성을 상승하는데 요긴하게 사용하는 지혜가 필요하다.

물질문명의 풍요가 주는 선물을 소외받은 취약계층에게 혜택이 더 가도록 따뜻한 마음으로 길을 만들어보자. 내가 쓰고 남아서 베풀지 말고 나에게 꼭 필요한 것이므로 상대방에게도 절실할 것이라는 마음생각을 담아 귀한 것을 나눠 보자. 나눈 것을 승수로 곱한 만큼의 기쁨과 행복감이 당신의 마음을 채워줄 거다. 사람같이 살자.

정책에는 소통을 더합시다

오랜만에 반가운 손님이 방문했다. 25년 전에 맺은 인연의 끈이다. 처음 환경업무를 담당하면서 알게 된 귀한 분이다. 돌이켜보면 환경부와의 인연은 꽤 길고 깊다. 업무로 만났지만 인간적으로 친하게 지낸다. 미래에는 지속 가능한 발전과 삶의 질에 관한 관심이 높아져 환경이 중요한 사회 발전의 우선순위를 차지할 것이라고 보았다.

환경부 규모가 커진 건 사실이다. 예산 규모는 10배 넘게 증가했고, 한국수자원공사와 기상청을 외청 조직으로 둬 규모도 성장했다. 반가운 마음에 옛날 추억을 꺼낸다. 기억에 남는 환경정책으로는 천연가스 시내버스 정책과 물 이용 부담금 정책이다. 물 이용 부담금을 알고 있는 분이 몇 명이나 될까 싶다. 환경 규모는 커졌으나 환경정책을 과연 시민과 소통 하는가는 회의적이다. 물 이용 부담금을 도입하는 당시에도 그랬었고 지금도 시민은 부담금을 모르는 사람이 많다. 부담금에 관한 시민의 무지는 정책입안자와 담당자에게도 그 일말의 책임이 있다. 물 이용 부담금은 수돗물에 부과하는 부담금이다. 수돗물 사용에 따라 수도요금을 부과하는데, 부담금을 추가로 부담시켜 물 사용자의 물 이용량을 줄이려는 정책 수단이다. 부담금

정책을 교과서에서 배운 내용과는 차이가 있는 지점이다.

한강 수계의 경우는 서울과 수도권 시민이 한강 물을 수돗물의 원수로 활용하면서 부담금을 부담한다. 그 모여진 부담금은 한강 수계 관리 기금으로 편입되어 팔당 상류 지역 주민을 지원하는 사업에 활용한다. 규제를 받는 지역의 주민에게 경제적인 보상책을 제공함으로써 상류 지역 주민의 규제 순응도를 높여 맑은 상수원수를 확보하려는 정책이다. 당시 정책을 입하는 단계에서 의문이 든 점은 부담금을 부담하는 하류 지역 주민들의 의견은 결집하지 못하고 비중있게 검토되지도 않았다. 반면 상류 지역 주민들은 규제가 더 강화된다는 위기감에 의사 표현을 강하고 분명하게 요구했다. 물 이용 부담금 정책만 놓고 보면 상류 지역의 소수 주민에게 유인(incentive)를 주기 위해 하류 지역 다수 주민에게 적은 부담을 지게한다.

부담 주체는 산재한 다수로 부담의 크기가 수도요금에 비해 적어 부담으로 인식하지 못해 정책 내용에 관심이 적다. 부담금 부과에 따른 정책 효과인 물 사용량 줄이기는 그 효과를 담보하기 어렵다. 하류 지역 주민들은 부담금의 존재 자체를 알지도 못하고 설사 안다고 하더라도 그 금액이 수도요금에 비해 낮아 부담으로 인식하지 못한다. 부담금을 부과하기 전과 후를 비교해서 수돗물 사용량이 의미있게 줄었다 기대하기 어렵다. 반면 부담금 사용의 대상이 되는 상류 지역 주민은 그 규제의 내용과 부담금의 사용에 관한 정책 내용에 관심을 표명하고 적극적으로 의사를 정책에 반영하기 위한 노력을 한다. 정책 담당자는 부담금 부담 주체들이 그 내용을 제대로 인식하지 못하는 편이 수월하다는 생각을 가질 수도 있다.

부담 주체들이 부담을 지는 행위를 집단적으로 반대하거나 부담금 부담에 따른 까다로운 조건을 제시한다면 정책이 제대로 추진되기 어렵기 때문이다. 정책도 사람이 기획한 것이므로 가능하면 사람의 마음에 들면 좋다. 조금 시끄럽고 정책 추진이 늦어지더라도 부담금 정책을 도입하면서 의도하는 정책 목표를 성취하기 위해서는 정책 관련자들이 정책 내용을 충분히 이해하고 동의하며 순응하는 행위가 더해져야 한다.

환경 정책 하나하나에 관해 시민의 관심이 증폭될수록 환경부에 요구하는 사항은 많아져 담당자는 힘이 들 수도 있다. 그 과정은 헬스장에서 몸 단련하는 것과 같은 이치다. 환경부가 힘이 들어도 주민과 소통하며 이해와 설득하는 과정은 환경정책 내용을 배우며 환경부의 역량을 키운다. 시민들과 함께 배우며 성장했다면 지금처럼 큰 조직 규모에 상응하는 시민의 지지를 받았을 거다. 생활 속에 환경 실천도 물론 가능하지 않았을까. 최근 수돗물 오염 사고는 시민들이 환경 정책이 중요하다는 인식을 재정립하는 계기가 되었다.

몰래 숨겨 정책을 추진하는 시대는 아니다. 시민과 소통하는데 정책은 공개하고 투명해야 한다. 정책이 시민의 마음에서 살아서 숨쉬도록 정책 관련자는 사람의 마음 읽기에도 주의해야 한다. 정책 성공은 관련 주민에게 충분히 알려 이해의 폭을 넓혀 지지를 얻어야 한다. 따뜻한 마음이 있어야 한다. 냉정한 머리도 한 번 더 부드러운 손길로 다듬어 줘야 한다.

이름이 꽃이다

삶에 이유나 의미가 필요한가. 그 답은 사람마다 다르다. 이 질문은 평가의 뜻도 함축한다. 삶에 등급을 매길 수 있다는 건가. 역사의 한 페이지를 장식하는 위인들의 인생 이야기는 우리에게 교훈을 준다. 보통 사람들을 넘어선 위인들의 결정과 선택은 감동을 준다. 삶과 죽음에 집착하지 않고 대의 앞에서 목숨을 초개와 같이 던져 나라를 구했고, 진리를 깨쳐 대중에게 빛이 되며, 과학과 기술로 백성의 생활을 편하게 했다. 선각자들은 인정은커녕 비난을 받기 일쑤다. 인쇄술이 처음 발달하기 시작했을 때 그 발명으로 인해 수사본이 없어져 서적상은 말세라고 한탄한다. 기술이 새로 도입되면 기존의 질서를 깨뜨린다. 기득권을 누리던 사람들은 신기술에 따른 새 질서를 저항한다. 일종의 프레임에 갇힌 삶이다. 시력이 좋지 않은 사람이 안경을 사용해 익숙하면 다른 도수의 안경으로 변경하지 못하는 것과 같은 이치다. 세상이 변하지 않는다면 인간이 활용하는 프레임은 안정적인 대응에 도움이 된다. 정형화된 행동방식으로 반복되는 일상에 대응하게 해준다. 고정관념(stereotype)도 마찬가지다. 반응할 때마다 일일이 고민하지 않아도 되니 편하다.

프레임이 잘못된 판단의 단초를 제공하기도 한다. 경험으로 축적된 프레임이 아니라 집단의식이나 견해를 따지지 않고 수용하면 위험하다. 반복된 경험에서 얻어진 프레임도 인간의 실존적 한계를 고려한다면 오류의 가능성을 내포한다. 프레임이 주는 편리함에 숨은 오류의 가능성에 항상 주의해야 한다.

정보사회에서 가상현실과 증강현실을 체험한다. 허상과 사실을 분별하려 들지 않고, 사실에서 진실을 뽑아내는 인식이 흐려진 세태다. 따져보거나 생각하지 않고 편리함과 익숙함에 젖은 현대인들은 다수가 인식하는 대로 따르는 경향이 있다. 잘못된 프레임에 관해 의심해 보는 데 서툴다. 프레임은 세상 경험을 배제 시켜 버린다. 세상의 창을 가지고 있는 사람이 창밖 세상을 온전하게 감상하기 어렵다. 준거 틀에 갇혀 사는 사람은 부분을 전체로 오해하기도 한다. 사람에 관한 인식에도 부분으로 판단하는 오류를 범하기 쉽다. 사람이라면 세상 경험을 오롯이 느껴 살아야 한다. 사물이나 상황에 적합한 이름 붙여 주기(naming)는 그 속성을 잘 읽고 배려하는 마음에서 출발해야 한다. 잘못 붙여진 이름은 사물의 본질에 어긋나 사람들에게 오해를 심어준다.

오래 살아 버텨봅시다

고전은 시대를 뚫고 견뎌 생명력이 있다. 한 시절 피었다가 당대에 지는 꽃이 아니다. 사시사철 푸름을 자랑하는 나무다. 고전이 시간을 넘어서 살아 숨 쉬는 이야기가 현재에도 호기심을 자극하기에 충분하고 적합성을 지닌 까닭이다. 그만큼 이야기가 변화를 포용하는 개방성의 정도가 높다. 개방성은 어디에서 오는가. 예전에는 글을 써서 생각을 또렷하게 사회에 알리는 행위는 위험했다. 글을 모호하게 전개하거나 비유와 은유로 본심을 교묘하게 감춘다. 명작이 시간을 거슬러 살아남는 힘은 조금 감추기에서 생긴다. 사랑이라며 직설적인 표현보다는 은은하게 사랑을 포장해서 상대에게 고백하는 거다. 성급한 현대는 마음 보여주고 설득하는 상대에게 바로 덤벼든다. 유행을 따라 피고 지는 꽃잎이 좋은가. 은은한 향기가 오래도록 여유와 절제된 표현으로 사회에 빛이 되자. 당신의 그윽한 향기가 시간을 넘어서 체취로 남도록 하자.

오케스트라 홀에서 공연을 감상한다. 코로나19로 일상이 변했다. 좌석에는 빈 자리가 많아졌고 모두 마스크를 착용한다. 공연 방식도 예전보다는 미술과 음악이 융합된다. 공연 뒤 흰 여백에는 조명으로 그림을 보여준다. 융합의 시대다. 또 다른 분리와 구분의 시대를 준비하는지도 모른다. 무대에서 박수를 많이 받는 방법은 역시 무대에 섰을 때 혼신의 힘을 다해 끼를 발산하는 거다. 끝나는 마무리를 최대한 천천히 하고 공연 후에 깊이 인사하는데 오랫동안 머리를 숙이고 그대로 있는 거다. 박수 소리가 약해진다 싶을 때 무대를 내려와라. 박수의 총량을 많이 받는 방법이다.

행복으로 갑시다

인간은 지·정·의 복합체다. 감정의 욕망을 충족하는 기쁨이 행복지수를 높이는 방법이라 현대인의 계산법이다. 이성작용으로 행복을 계산해보면 행복이란 만족을 필요로 나눈 것이다.

풍부한 주변 환경 때문에 부족함을 느낄 틈이 없다. 목말라서 물을 마시는 것이 아니다. 배고파서 밥을 먹는 것이 아니다. 그렇다고 때로 먹지도 않는다. 과잉의 시대다. 시시때때로 보이는 대로 손이 간다. 음식을 먹고 물건을 사용하는데 이성이 개입할 틈을 주지 않는다. 풍요의 역설이다. 부족함을 몰라서 조금이라도 욕구 충족이 안 되면 바로 채워야 직성이 풀린다. 채우지 못하면 불같이 화내거나 바로 우울증에 빠진다. 인간관계도 마찬가지다. 당신 사랑을 즉석에서 확인하려 든다. 상대의 감정을 기다릴 줄 모른다. 즉석 음식이 인기다. 바로바로 빨리빨리 욕망 채우기 경쟁이다. 공동체와 상대에 배려는 던져버린 지 오래다. 오로지 자신만 보며 산다. 타인이 어떻든 관심 밖이다. 자연이 아파해도 당신은 관심 없다. 그랬으면 다행이겠지만 세상은 그렇지 않다. 당신 혼자 욕망 채우기 급급해서 사는 인생은 결국은 자신을 갉아먹는 삶이다. 독야청청은 불가능한 것처럼 당신은 존재하는 혼자가 아니다. 욕망의 잿더미는 자연으로 돌아가 신음한다. 편하게 살려고 쓰다 버린 플라스틱 쓰레기가 자연으로 돌아가려면 어마어마한 인고의 시간이 필요하다. 재활용도 완전한 건 아니다. 간편하게 때를 제거하기 위해 사용한 화학 세제를 결국은 인간이 섭취하게 된다.

진정한 행복은 따져봐도 욕구를 충족하는 것만으로 얻거나 도달할 성격의 것이 아니다. 자명하다. 행복에 도달하는데 인간 이성과 양심을 작동해야만 한다. 욕망은 잠시 내려놓자. 합리성을 중시하니 계산 한 번 제대로 해보자. 편리함을 포기하자는 건 아니다. 편리함을 지혜롭게 활용하자. 행복의 나라로 갑시다.

놀아 봅시다

학생 시절에는 가정과 학교가 주된 삶의 무대가 되고, 생업에 종사하게 되는 어른이 되면 가정과 직장이 삶의 놀이터가 된다. 놀이터라 표현하면, 전쟁터를 잘못 기록했다고 반문할지도 모른다. 일이 놀이가 될 수는 없다고. 일을 놀이로 인식하고 놀이터로 가정하면 현실 세계에서는 일이 놀이로 변화하는 체험을 한다. 인간은 무한한 가능성을 가지고 있고 그 가능성을 실현하는 저력이 있다. 소꿉장난할 때 종이 장난감 돈을 현실의 돈처럼 활용하던 어린 시절을 생각해보라. 장난감 하나 구입할 때의 느낌이 현실 세계에서 물건을 구매할 때의 감정과 별반 다르지 않다. 시시때때로 잠시도 편하게 두지 않는 우리 주변 환경의 자극들에 이끌려 자신을 성찰하지 못하는 현대인에게 제언한다. 잠시의 여유를 가지고 자기를 살펴보자. 자기사랑도 실천해보자. 객관화된 자신은 이기심이 아니라 이타심에 의해서 사랑의 힘을 얻는다. 진정 자신을 사랑할 줄 아는 사람이 타인을 존중하고 배려할 수 있다.

성찰은 가끔 뒤도 돌아보고 가까운 미래도 그려보는 마음작용을 포함한다. 과거에 집착하거나 미래에 불안해하지 않도록 주의하면서 인간이 가진, 꿈꿀 수 있는 능력을 온전하게 체험해보자.

지나간 지금은 다시 오지 않는다

형제들이 서로 앞 다퉈 음식 값을 계산하려는 모습이 좋다. 우애가 있어 그냥 보기 좋다. 이별이 드리워진 석양 앞에서도 피하지 않고 마주하며 서로를 아껴주는 형제자매의 모습이 좋다. 사이좋게 화목하게 잘 살아가는 건 바라보는 이에게 기쁨을 불어넣어 주는 활력소다. 효도란 편안하게 해드리는 거다. 몸도 마음도 내려놓고 받아들이는 태도 그래 사랑이라 하자. 효도도 사랑이다. 사랑을 알기 어렵고 그 표현 기술이 서툴러서 상처를 남기는 이들이 많다. 모두 서로 다르니 기대와 인식도 같지 않을 텐데 판단의 잣대로 자신을 삼으니 상처가 깊어진다. 바라지 말고 그냥 놓아주자. 마음도 물질도 시간도 내가 가진 것이라고 착각하고 있는 모든 것을 나누자. 내 것도 아닌 것이다.

무상한 인생이라 형상도 없어 변하지 않는 것은 없다. 인간의 삶은 일상을 평범하고 반복해서 똑같은 것으로 채우려 든다. 아침, 점심, 저녁을 밥으로 먹는다. 가끔은 올리브 치아바타와 크로아상 빵에 커피 한잔 더해보자. 따분한 일상이라 습관이라 기억하지 않고 지나칠 지금이 또렷하게 남도록 꾹 눌러 두자. 다시 오지 않을 것을 알고 있으므로 이런 흔적 하나 남겨 둔다.

선을 지킵시다

필요 없는 것들이 있다면 그것에서 멀어져 줄이자. 유용성을 몰라서 무용하다 규정짓기 쉽다. 자연은 자연스레 존재한다. 필요 없다는 건 인간의 유용성을 기준으로 재단한 것이 아닐까 싶다. 자연은 그 자리에 있을 뿐인데 말이다. 사람이 만든 인공물은 자연과는 조금 다르다. 인간의 손을 거치면서 과잉 생산되기도 한다. 과식하듯이 인간의 팽창 욕구는 커지고 키워지는 방향으로 인공물을 확장하게 된다. 조직도 가만히 두면 자리와 규모를 키워가려는 속성은 인간 욕구의 투사인지 모른다. 커지고 확장하는 것이 지고지순하다는 인간적인 믿음의 발현이라면, 그 믿음이 자연스러운가를 반성해 볼 시점이다.

작은 바이러스를 누르고 이겨내지 못해 멸종한 것처럼 큰 규모는 생존에 불리하게 작용하기도 한다. 죽지 않고 살기 위해서 비대해진 조직은 어느 선에 이르면 그 몸집을 다시 줄이기도 한다. 임계치(Critical Point)를 넘지 않기 위해서라도 조직과 개인은 자정능력을 보인다. 자기비판과 자기모순을 검증하지 못할 때 그 개인이 설 자리는 없다. 조직과 개인의 자기 성찰이 중요한 이유다.

제 3 부

지성편

성찰합시다

인연 맺기 단상

연기법과 윤회설은 믿음의 차원으로 볼 수도 있지만, 삶의 과정과 모습을 설명하는 방식의 하나로 받아들일 수도 있다. 인공지능(AI)와 빅데이터 시대에는 인과관계보다는 동시성 또는 상관성에 더 관심을 가지게 되었지만, 19세기의 합리주의는 엄격한 원인과 결과의 관계 규명에 과학적 방법을 적용해왔다. 원인과 결과를 선형의 관계로 인식함에 따라 인과관계를 잘못 설정하는 우둔함을 우리 인간세계에서는 종종 목격한다. 원인과 결과의 관계를 꿰뚫어 보는 지혜의 부족에서 오는 인간의 한계 때문이다. 원인 없는 결과도 있긴 하겠지만 세상 만물의 귀결에는 그 원인이 있기 마련이다. 우리 인간이 그 원인을 아는지 모르는지의 차원을 넘어선 진리의 세계에서는 인과관계의 끈이 존재하는 사례가 다수다.

인연법이란 용어는 직접 원인이 되는 인, 그리고 그 원인이 결과로 발현되는데 필요한 주변 여건들인 연, 두 단어의 의미를 합한 것이다. 결과를 잉태하기 위해서는 직접 원인과 그 씨앗이 제대로 결과 맺을 수 있도록 제반 여건들이 함께 도와야 한다. 세상의 모습은 우주 만물이 모두 합작한 결과다.

하늘과 땅 그리고 인간이 살아가는 이 지구 세계에서 나-엄격한 의미에서 내 마음대로 통제할 수 있는 나는 존재하기 어렵다-의 존재가 물질과, 동·식물, 사람과 관계를 맺는데 있어 가장 어렵고도 중요한 것은 사람과의 관계설정이다. 인간관계를 맺고, 유지하고, 서로 성장하고, 발전하는데 사람과의 인연은 그 중요성을 아무리 강조해도 지나치지 않다.

인간관계를 맺고, 유지하고, 서로 발전해나가기란 쉬운 일이 아니다. 전 세계 인구 78억 명 중에서 그대는 오직 유일하게 존재한다는 사실이 기적이다. 생각과 선호가 다르고, 다르다는 것이 더 자연스럽다는 사실을 받아들이는 순간 헛된 기대도 내려놓게 되는 것이다. 불필요한 오해나 사실과 틀린 인식이나 망상으로 고생하고 피해는 그 사람이 본다. 자신을 힘들거나 고생시킬 필요는 없다. 자신을 사랑하는 만큼 상대방도 존중하고 배려해주는 자세야말로 결국에는 승리하는 삶으로 인도하게 만들 것이다.

건강한 관계를 형성해나가는 첫 번째는 내가 먼저 상대방을 존중하고, 그 사람의 마음을 먼저 느끼고 받아들이는 자세를 바탕으로 상대의 일정한 선을 지켜주는 지혜가 필요하다. 자유의 영역이 소중한 것처럼 물리적·정신적 공간을 보호해주는 절제된 관계는 존중의 미덕을 발휘하기에 관계를 오래 유지하고 성장하는데 밑거름이 된다. 물질문명의 발달로 교환과 받는데 익숙해져 있는 우리들은 만남도 일회적이고 즉흥적인 문화를 투사하는 경향이 없지 않다. 소중한 인연의 끈을 맺고 지내다가, 인연이 소진할 때 자연스레 끈을 놓고, 멋진 추억 한마당을 가끔씩 펼쳐보는 그 멋도 사는 재미의 하나가 아닐까 싶다.

일관성 없는 상사

조직 생활을 하면 종종 직원들이 불만을 토로한다. 관리자가 일관성이 없다는 불평이다. 관리자도 사람인데 일관성 없기는 당연하다. 관리자들은 일반 직원보다 그 빈도와 강도가 심한가. 그렇게 보일 수는 있겠다. 필자의 짧은 소견으로는 관리자가 행사하는 재량의 폭과 깊이 때문이 아닌가 싶다. 일반 직원은 준비된 매뉴얼에 따라 업무를 처리한다. 관리자는 그 업무를 대하는 태도가 다르다. 선택과 결정의 권한을 가지고 있으므로 직원이 검토한 대안을 넘어선 상상을 한다. 대안을 비교하다가 잠정적으로 선택한 대안을 두고도 상황과 주변 여건의 변화를 읽고 뒤집기도 한다. 직원이 보기에는 관리자는 분명 변덕쟁이다. 일관성이 있다는 건 안정적이고 환경이 예측 가능할 때 힘을 발휘한다. 시시각각 변화하는 상황에서 적응해 살아남으려면 정형화되고 일관된 업무 지침에 따르기만 할 수는 없다. 새로운 루틴을 만들어야 한다. 일관성은 버리고 창의성과 친해야 한다. 관리자도 사람이라 예측 가능한 선택을 하지 못할 때 직원들이 느낄 불편함을 안다. 불가피하게 변덕쟁이 관리자가 된다. 조직이 처한 환경과 관리자의 입장을 공감해서 불평을 멀리하고 일관성을 대체하는 그 선택을 지지한다면, 관리자는 직원에게 감사하는 마음을 가지게 된다. 불평불만보다는 긍정의 자세로 대할 때 축복의 선물을 받는다. 관리자의 얄궂은 변덕이나 변명을 무조건 동의하라는 의미는 아니다. 조직의 생존을 위해 불가피하게 선택한 관리자의 행동을 너무 인색하게 평가하지 말자. 불평과 불만은 조직이 발전하는 모티브가 되어야 한다. 불편을 질료로 소통하는 채널을 만들어 두자. 직원과 관리자가 서로 비춰보는 거울이다. 함께 성장하자.

병원예찬

생로병사는 피할 수 없다. 병원을 방문하지 않고 무병장수가 꿈이다. 병원을 가지 않고 살기란 좀처럼 쉽지 않다. 병원에 관한 인식 변화다. 자유가 제한되는 교도소보다는 낫다. 유명인이 구속이라도 될라치면 병을 앞세워서 병실로 가곤 한다. 마주치는 사람이 환자고 범인이라 싫은지도 모른다. 의사라면 호불호가 다르다. 병원을 싫어하지 않는다. 힘들고 어려운 과정을 인내하고도 의사가 되려는 젊고 유능한 인재가 많다. 병원은 중립적이다. 좋고 나쁘고의 대상이 아니다. 병들어 몸이 불편한 불만을 병원에 투사한 결과다. 사람은 정형화되어 단순한 걸 선호한다. 직장과 집, 사교로 익숙한 현대인에게 병원 방문은 여간 성가신 일이 아니다. 병원에서 기다리는 과정으로 일상을 깨려 들지 않는다. 병원에 의지해야 하는 숙명을 받아들여 인식을 바꿔보자. 의사는 평생을 병원 공간에서 보낼진대 달랑 몇 시간을 보내고 투덜거린다는 게 부끄럽다. 몸도 주인을 잘못 만난 탓에 그간 고생이 많아 만신창이가 되었다. 이제 좀 쉬어도 좋다는 신호다. 약도 때맞춰 챙겨서 먹자. 음식도 줄여 건강하게 배고플 때 먹자.

병원에는 환자들만 가득하니 좋을 게 없다. 인간은 젊음이 좋고 빛을 선호하며 건강을 따른다. 죽음보다 살아 숨쉬기를 원한다. 타인의 모습을 바라볼 때도 마찬가지다. 이왕이면 멋진 사람 옆에 있으려는 건 인지상정이다. 병원이 인기 없는 건 당연하다.

산업사회는 생산과 소비를 대량으로 한다. 정보사회에 들어서 소품종 맞춤형 생산으로 소비자의 선호에 맞추는 변화가 보이고는 있으나 규모의 경제에 따른 혜택을 간과하기 어렵다. 환자도 큰 병원으로 모인다. 병원이 대형화되면 그 운영에 경제성의 비중이 커진다. 병원에서는 불치의 병을 지닌 환자의 편에 서서 끝까지 치료하지 않는다. 입원 초기에 각종 검사와 처치를 하고 더 이상의 치료적 방법을 선택할 수 없다 싶으면 퇴원을 권유한다. 병원을 믿고 입원한 환자는 병으로 인한 두려움과 치료할 수 없다는 실망감을 안고 다른 병원을 전전한다. 소모적인 경제적 손실은 사회 구성원 모두의 부담으로 귀착된다. 병을 안고 퇴원해야만 하는 환자는 마음의 상처까지 더한다. 불치의 병을 받은 몸은 인격적 대우를 받기는커녕 짐짝 다루듯 한다. 병의 완치는 인간의 영역을 벗어난 신의 영역인지도 모른다. 의사와 환자는 진인사대천명의 마음으로 최선을 다할 뿐이다. 명의란 밝은 모습으로 환자의 편에 서서 병의 원인과 결과를 설명하고 처방의 내용을 자상하게 안내한다. 환자는 주치의를 사랑하자. 몸을 치유해서 사랑하는 사람을 기쁘게 하자. 절제된 생활로 병을 잘 관리하자. 주치의와 환자가 최선을 다해 하늘의 뜻에 따르자.

인간은 본능적으로 살려 한다. 병은 사는데 장애다. 따져보면 어둠 속 빛이 더 강렬하다. 아파봐야 아픈 사람 속을 잘 읽어 간호하길 잘한다. 병은 일상에 감사하고 자신을 성찰할 기회가 된다. 병이 주는 선물인 셈이다. 병이 깊으면 그런 선물마저도 사치가 되겠지만 말이다.

몸에 병이 오면 몸을 인식하게 된다. 몸이 있다는 사실조차 인식하지 못한 당신은 건강한 거다. 무상한 세월을 알지 못하는 당신은 젊다. 공기의 소중함을 인식하지 못하는 그대는 산소가 충분한 곳에 있어 그렇다. 부족하거나 넘치지 않아 불편함을 모른다.

유명한 배우가 전성기 때의 화려함을 뒤로 하고 병실에 있다. 그에게 인생은 대중의 사랑을 받던 시절도, 병이 둘러싸고 있는 지금도 인생이다. 한 사람의 인생은 영화 한 편과 같다. 생로병사의 길에 사랑이 있어 견디고 버텨 존재한다. 사랑 없인 하나의 숨도 내쉬지 못한다. 좋다, 싫다, 밉다, 곱다 모두 사랑이다.

병원은 묵상하기에 좋은 장소다. 일상을 내려놓고 오로지 자신 몸에 집중하며 명상으로 정신과 대화할 수 있다. 음식도, 필요한 의료약도 준다. 병원에 입원한 당신이 할 일은 오로지 마음 편하게 병이 주는 신호에 귀 기울여 주의하면 족하다.

일, 아름다운 사람

동물의 속성을 지닌 인간은 틈나면 움직여 활동한다. 신체와 정신을 가만히 두지 않는 건 일과도 깊은 상관성이 있다. 명상과 생각 내려놓기에 관심을 가지는 사회 풍조는 그만큼 생각거리가 많다는 뜻이다. 예전에는 한 사람이 다양한 분야의 일을 종합적으로 했다. 생산성을 높이려 자동화와 전문화가 심화 되면서 일은 나누고 쪼갠다. 부분을 반복하여 숙련공을 양산한다. 개인은 생산과정의 부속품 취급을 당하기 일쑤다. 세상은 항상 변하는데 변화를 보면 통합과 분산을 반복하는 경향이 있다. 전체를 중시하던 사회 풍조는 어느새 부분으로 무게 중심이 옮겨 세부적인 활동을 지향하다가 다시 통합과 연결을 강조한다. 부분을 쪼개서 연구하던 실증주의와 인과관계 분석을 주로 하는 기존의 계량기법들은 인공지능과 빅데이터 기술이 발전하면서 새로운 통합의 전기를 맞고 있다.

일하는 수단으로서의 조직은 계층을 근간으로 한다. 조직의 계층은 의사결정 구조이면서 권한과 책임을 분배하는 그릇이다. 상급자는 통솔의 범위 내에서 조직 구성원과 함께 일한다. 상급자에게 부여한 권한과 책임은 동전의 양면과 같다. 의사결정의 효율성과 조직의 응대를 높이려 권한을 위임한다. 권한의 위임이 책임의 위임과는

다른 차원임을 명심해야 한다. 계층의 상위를 점하고 있는 관리자에게 혜택과 기회를 주는 건 그 책임의 막중함 때문이다. 정보가 빠르게 공유되는 사회에서 조직의 계층은 약해진다. 지식과 아는 것에 관해 모두가 평등해지면 정보를 기반으로 한 의사결정에 차이를 둘 이유가 희박해지기 때문이다. 권한은 예전보다 더 많이 신속하게 위임한다.

관리자가 되면 결정과 선택에 많은 자원을 할당한다. 단순하고 반복하는 일은 자연스레 다른 직원들이 한다. 가끔 돌발적으로 처리해야 하는 집행적 성격의 업무는 직원들에게 넘기는 경향이 있다. 훈련된 무능(trained incapacity)은 전문화된 일만 처리하다 부분의 전문가일 뿐 전체를 파악하는 능력이 떨어져 오히려 무능한 상태에 빠진다는 역설을 말한다. 집행업무를 경험한 사람이 그 업무에 관한 의사결정을 하는 것과 그 업무를 아는 사람이 결정하는 것과는 많은 차이가 있다. 경험으로 얻은 지식과 관념적으로 배운 지식은 같지 않다. 체험의 교훈은 마음에 남아 각인된다. 독서와 사색이 깨우침을 주는 것도 체험과 유사한 과정을 거치기 때문이다. 머리로 암기해서 배운 지식이 모든 육감을 동원해서 사무친 배움에 미치지 못한다. 따라서 관리자도 가끔은 단순한 업무를 집행도 해볼 것을 권한다.

코로나19로 모임은 불가능하다. 매년 12월이면 송년회를 가져왔던 터라 회원들은 기대 반 의심 반으로 기다리고 있을 거다. 송년 모임을 내년도 신년 모임으로 대체한다는 내용의 편지를 쓰고 보니 전달 방법이 까마득하다. 젊은 회원 몇 명에게 도움을 부탁할 생각이 머릿결을 스친다. 시간도 절약하고 무엇보다 단순한 일을 나눠 빨리 매듭지을 수 있으니 일거양득이다. 생각으로 비춰본 현실은 그 젊은 후배들도 바쁜 일상이다. 마음을 가다듬고 혼자서 직접 해보리라.

새벽이라 조용한 사무실에 홀로 편지지를 접고 봉투에 담아 밀봉하면서 편지를 받아 볼 한 사람 한 사람을 그려본다. 자르고 붙이고 단순하게 반복할 뿐인데 마음의 평화를 느낀다. 일이란 이런 것이구나. 일에 귀천이 없다는 것도 이 때문인가 보다. 반복하면서 들어가는 몰입의 정신세계에는 평화가 자리한다. 단순한 일을 반복해보니 일의 처리 속도가 배가 되어 계획한 시간을 줄일 수 있었다. 반복에 숨어 있는 묘한 매력을 맛본 지금은 마음이 평화롭다. 단순한 일이지만 규칙적이고 반복적으로 꾸준하게 해야 한다. 일은 살아있는 생명에게 내려준 선물일지도 모른다.

신성한 일을 바라보는 관점도 변한다. 조직에서 요구하는 일을 평생의 직업으로 삼아 생활한 분들이 조직을 떠난다. 떠난 조직을 뒤로하고 당분간 고문이라는 직위에서 인생 2막을 시작하는 경우다. 현직에서 열성적으로 일하던 그 생활 습관을 고스란히 지니고 퇴직한 분들은 고문 직위가 고문이다. 보수나 대우는 부족함이 없으나 그에 비해 일이 너무 없다는 것이 불편하다. 해야 할 일이 없고 대우가 좋으니 무슨 걱정이냐고. 막상 당해보면 그렇지 않다. 가시방석에 앉은 것과 같다. 일이 없으니 언제든지 그만두라고 할 것 같은 불안감까지 겹친다. 뭔가 일을 해야 한다는 강박증이 슬슬 자란다. 고문이라는 자리가 그런 직위다. 뒷짐 지고 현직이 일할 때 자문하는 정도다. 오르막이 있으면 내리막도 있다. 젊은 청춘을 불살라 일만 했으니 이제는 세상도 둘러보고 주변에 어려운 사람도 돌볼 여유를 가져야 한다. 조직에서 주는 일을 피동적으로 빨리 처리하는 삶의 방식은 벗어던져야 한다. 일과시간에도 틈틈이 시간을 내어서 시장도 둘러보고 거리도 거닐어 보자. 고문의 업무 공간은 사무실 밖에도 가능하다. 꼭 사무실에서 붙어 있어야 고문 역할을 제대로 수행하는 건 아니다. 세상 물정을 두루 살펴 사람의 마음을 읽어야 제

대로 된 고문도 할 수 있다. 조직에서 시키는 일이야 현직이 잘 알아서 대응한다. 현직이 고문에게 문의하는 일들은 대부분 그 조직의 규칙이나 업무처리 방식으로는 대응하기 힘들거나, 새롭고 예측하기 어려운 속성을 가진다. 고문이 된 당신은 스스로 질문을 던지고 그 질문에 스스로 답을 찾는 훈련을 해야 한다. 매미가 껍질을 벗듯이 30년 조직 생활을 한 당신은 피동에서 능동의 옷으로 갈아야 한다. 시켜서 한 일들이 얼마나 많은가. 이제는 자신이 주도적으로 일을 창출해서 처리하는 당신이 보고 싶다.

일하는 과정에 다양한 모습을 만난다. 일의 마디와 매듭에는 인간이 있다. 사람의 태도와 자세는 과업과 관련한 과정과 결과에도 높은 상관성을 가진다. 처리하는 일마다 부정적으로 바라보는 사람이 있다. 해서는 안 되는 이유를 찾아 설득하려 든다. 더 나아가 그 일의 시작점인 조직과 창안자에게 적개심을 가지고 흠을 잡으려 시간과 에너지를 아낌없이 쓴다. 되갚아주겠노라는 마음 자세는 상대를 상처 내기도 전에 자신을 해치는 비수가 된다는 것을 경험하고도 알아채지 못한다. 부정적인 태도를 보면 안타깝다. 능력이 출중하고 모자람이 없어 곧 잘해도 곱게 보이지를 않는다.

다른 한 사람이 있다. 정반대다. 주어진 일을 자기 일 다루듯이 한다. 책임 있게 주어진 일을 매끄럽게 처리한다. 적정한 보고와 시간에 맞게 공유하는 정보는 동료 팀원들에게 편안함을 넘어 신뢰를 견고하기에 충분하다. 자연스레 믿음이 싹튼다. 맡겨두면 틀림이 없어 정확하니 굳이 간섭할 필요가 없다. 윗사람에게도 예를 갖춰 정보를 알려주니 상급자의 사랑을 받는다. 기회와 승진은 덤이다. 같은 직장에서 업무를 바라보는 작은 차이로도 확연하게 다른 결과를 초래한다.

세상에는 좋고 나쁜 것이 함께 뒤섞여 분별하기 어렵다. 새벽이슬은 독사가 마시면 독사가 내뱉는 독의 원료가 되지만, 양이 먹으면 양의 젖으로 쓰인다. 인간의 처지에서 유용성만을 기준으로 세상 만물을 판단해서는 안 된다. 일과 관련한 태도도 인간 유용성만으로 옳고 그르다 재단해서는 곤란하다.

일의 동기부여는 자신이 찾아야 한다. 시키는 대로 피동적으로 따르기만 하여 일하는 의미발견에 소홀해서는 재미를 놓친다. 일을 통해 사는데 필요한 재화를 얻고, 조직에서 인정을 받으니 인정욕구를 충족한다. 재미를 발견한 일은 자신의 자아실현을 가능하게 도와 자존감을 높여준다. 일하면서 자기 성장도 하고 부수적으로 인정도 받으니 일석삼조다. 해야만 하는 일이라면 일을 당신 배움의 교보재로 활용하자. 상관이 어떤 일을 줄까 즐거운 마음으로 설레는가. 다른 사람이 궁금해서 물어보는 질문은 미지의 세계를 여행하며 알아 깨치는 소재라는 것을 눈치채자. 타인이 하는 일을 살펴 배우자. 누군가의 부탁이 당신의 지식과 경험의 소재가 된다. 궁금증과 호기심이 분출하는 당신은 성장의 씨앗을 풍부하게 지니고 있어 자랑해도 좋다. 달궈진 열정의 용광로에서 그 씨앗이 자라 열매 맺으니 미지의 세계를 알아가는 기쁨을 맛보게 될 것이다. 긍정은 이처럼 인간 성장의 밑거름이 된다.

자동 사회

참으로 빠른 시대에 산다. 속도가 느리면 바로 도태하는 사회다. 비둘기호가 사라진지 오래다. 비둘기호를 타고 부산에서 서울까지 이동하면 족히 10시간은 넘는다. 역이란 역은 모두 정차해야만 한다. 더 빠른 등급의 기차가 보기 좋게 앞지르게 대피 선로에서 쉬었다 간다. 이 때문에 역에 정차하는 시간도 길어서 큰 역에는 우동집이 성황이다. 기차에 내려서 맛보는 따뜻한 국물은 여행의 추억을 자극한다. 아날로그 시대에서 디지털 시대로 삶의 무대가 바뀌면서 속도전은 더 치열하다. 속도는 시간과 공간을 압축시켜 버렸다. 상황과 환경의 변화는 빨리빨리 사는 우리들의 생각까지도 빠르게 만들어 버렸다. 상황의 변화에 즉각 대응하는 일상이다. 잠시 고민하고 생각할 틈을 주지 않는다. 즉석 음식과 같다. 그 자리에서 결정하고 행동하고 반응한다. 성찰하고 사고하는 삶이 구축(crowd out)된 사회다. 영양은 풍부하니 다들 몸집도 크고 건장하다. 즉석 판단을 하는 우리는 뇌에 자동화 프로그램을 장착한 것만 같다. 자동화된 사회에서는 통일된 행동만이 인정받고 살아남는다. 사회가 용인하는 방식과 다른 행동을 할라치면 바로 공격과 제재가 따른다. 마치 이방인의 주인공처럼. 사회의 관습이 좋은지와 옳은지에 관한 고민은 없다. 그냥 습관처럼 대응할 뿐이다. 다양성이 소멸한 사회는 필연적으로 다양성을 갈구한다.

자동화 프로그램을 수동으로 전환하기란 불가능에 가깝다. 복잡한 세계를 단순하게 이해하려 들고 쉽게 살려는 경향은 중간지대를 메마르게 한다. 극단의 편 가르기를 쉬이 한다. 내 편 아니면 네 편이다. 당신과 같은 생각과 행동방식 그리고 감정을 가지는가에 골몰한다. 같음과 다름으로 판정한다. 같으면 선한 것이고 다르면 악한 것으로 규정하는 삶은 편리한 만큼 오류로 가득하다. 중간지대와 중재자가 없다. 어른이 없고 꼰대만 있다.

불완전함을 채울 감정과 사랑이 있어 인간은 자동화된 기계와 같을 수 없다. 기계처럼 딱 맞게 정확하지는 않더라도 부단하게 정확함을 추구하면서 교정하고 수정하는 힘이 있어 인간답다.

각 성

하루를 일찍 시작하는 법을 추천한다. 새벽에 맑은 정신은 많은 성찰과 사색을 한다. 몰입으로 처리하는 일의 양도 많다. 새벽을 여는 건 하루를 길게 사는 좋은 방법이다.

나이를 더할수록 시간에 가속도가 붙어 인생이 너무나 빠르다며 불만이다. 천천히 인생을 여유로 즐기고 싶은데 말이다. 빨리빨리 외치며 사는 현대인은 그만큼 휴식에 목말랐다. 일은 빨리하고 나머지 시간을 쉬고 싶다. 인생도 쉬엄쉬엄 쉬어가며 많이 느끼고 싶다. 그게 말이 쉽지 어디 간단하지 않은 숙제다. 젊을 때는 사회에 진출하고 자리 잡기 위해 일촌광음불가경이다. 준비하는 사람이 여유를 부리기는 쉽지 않다. 성인이 된 당신은 시간과 돈을 바꿔 경제적인 문제를 해결하느라 또 바쁘다. 노년이 되면 조금 쉬려해도 몸이 마음 같지 않으니 관리하느라 하루도 짧다. 돌아보면 청춘이 좋다고 한다. 생생한 경험을 했기에 추억이 아련하다. 노년에 시간이 빠르다는 건 사고와 행동이 그만큼 경직되어 자동화된 반응으로 체험에 둔감해진 탓이다. 살면서 축적한 인생 경험을 활용하면서 외부 또는 내부의 자극을 그냥 그대로 생각 없이 반응해 버린다. 자극에 반응하며 배울 반응이 미약해진 탓에 깊은 감동과 선명한 기억작용이 없다. 많은 자극에 노출되었으나 당신의 변화는 없다. 아침, 점심, 저녁, 봄, 여름, 가을, 겨울의 변화에 따라 당신의 움직임도 맞춰 달라지는 거다. 뛰면서 그 자극을 충분히 느껴 당신의 뇌를 자극해 보자. 늘 지나면서 마주하는 상황과 장면도 당신 마음에 새롭게 담아 기억하자. 짧은 순간을 길게 기억하고 깊이 감동받는 당신은 짧은 인생 길게 살고 있다.

글

화 기운이 강한 사람은 일을 마무리하는 능력을 보완하면 좋다며 글쓰기를 추천한다. 화 기운은 봄의 기운이라 창의적이고 활발하다. 생각이 자유롭고 다양한 제안을 스스럼없이 행하니 불이 확산하듯이 뜨겁고 열정으로 가득하다. 불은 바람에 맞춰 움직이니 방향성을 가름하고 가둬서 관리하기 쉽지 않다. 열정 넘치는 생각과 감정을 표현하는 견고한 문자는 더운 열기를 버티며 가두는 용광로와 같다. 글을 쓰는 과정은 생각을 녹여 정리하는 시간을 번다. 즉흥적으로 대응하는 말과 행동보다는 글은 정제된 활동 작용이다. 흰 종이에 적은 문자는 살아있는 활자다.

하얀 여백에 새긴 흔적은 생각 조각을 담은 덩어리다. 글쓴이와는 무관하게 글은 그 자체의 의미와 생명력을 가진다. 글은 생각을 바라보게 한다. 63빌딩은 그 빌딩보다 더 높은 곳에서 전체를 조감할 수 있다. 건물 안에서 아무리 체험하더라도 전체를 알기 어렵다. 글을 쓰고 쓴 글을 읽는 과정은 생각의 내면을 드러내고 그 생각 덩어리를 전체로 살펴보는 상호작용이다. 글은 주관을 객관으로 변화시키는 요술 방망이다. 속살이 묻은 감정이나 느낌과 지식에 묻은 속살들을 떼어내 평균인의 관점에서 바라보는 기회를 준다. 고집과 아집에서 벗어나 사회와 공감하기에 도움이 된다.

글을 쓴다는 건 자신과의 대화다. 기실 말과 행동은 자신과 연결되는 범위에서 의미를 지닌다. 타인과 연결하려고 말하고 행동해도 번번이 그 목적에 도달하기 어렵다는 사실을 깨닫는다. 인간의 실존적 한계를 인정해야만 한다. 타인과 연결된 자아는 자신과의 대화를 통해 자신을 충분히 알아 이해해야 한다. 자신을 알아가는 과정은 세상을 공감하는 시발점이다. 의미 없는 말의 향연으로 시간과 에너지를 허비하느니 글로 남겨서 꼭 필요한 사람이 때에 맞춰 참고하도록 하자.

글은 책이 되어 시간을 버텨 남는다. 듣기 싫어하는 사람에게 말은 억지로 들어와 한 귀로 듣고 한 귀로 흘러 버리니 배움이 없다. 글은 관심 있는 독자만이 취하니 좋다. 글 쓰는 과정은 타인과 거리두기를 자연으로 한다. 오행의 부족함을 보완하기 위한 글쓰기는 자칫 꼰대라 외면받기 쉬운 중년에게 권한다. 말하기를 넘어서는 생산성을 가진 글쓰기를 추천한다.

말과 글은 언어를 사용하는 인간이 마음과 의사를 표현하는 길이다. 다독이 글쓰기의 기초가 된다는 은사님의 말씀을 젊은 시절에는 받아들이지 못했다. 글을 쓰면서 독서의 힘을 실감한다. 읽기가 쓰기의 바탕이 된다. 지도교수님께서 혼잣말로 되새기던 말씀이 강의하러 가는 것이 아니라 학생들에게 영혼(spirit)을 심어주기 위한 것이라고. 평생을 시스템 이론을 공부하신 분이 인간을 중심에 두고 늘 고찰하고 계셨다. 지도교수님의 영향을 받았나 싶다. 글이 짧아도 몇 번을 읽는다. 800자 신문 독자란의 의견을 반복해서 읽으면서, 단어 하나하나와 문자의 점 하나까지의 의미를 상기하고 음미한다. 독자는 아메리카노를 즐긴다면, 작가는 농축된 언어가 주는 짙은 에스프레소의 맛을 느끼는 것과 같다. 독자들에게 쉽고 재미있게 읽어

지기 바라는 욕심은 내려놓아야 한다. 800자 이내라는 글자 수 제한을 염두에 두고 보니 글이 압축적이고 농도는 깊고 찐해진다. 800자의 마술일까. 짧은 글에도 많은 정보와 영감을 불어넣을 수 있다는 게 놀랍다. 글 바보가 경험한 팁 하나를 소개한다. 손이 가고 생각의 흐름에 따라 글을 써대기 바란다. 마구 쓴 글을 압축해서 줄여보자. 들깨를 짜서 기름을 만드는 느낌으로 압축한다. 뼈대만 남겨두고 다 지워보자. 자상함이 힘들게 할지라도 과감하게 지워라. 반복되는 단어를 지워 없애고 필요하다면 주어도 과감하게 버려라. 과감하게 잘라낸 공간에 상상력이 깃든다. 자세하게 알려 주려는 마음 때문에 문장이 길어진다. 긴 문장은 화자의 입장이다. 청자는 짧은 문장에 비어 있는 공간을 채우며 자신을 찾는 기쁨을 누릴지도 모른다. 그러니 짧고 간결하게 표현하고도 죄책감을 느끼지 않길 바란다. 때때로 달콤하고 편안하게 읽기 쉬운 글자 수 제한 없는 글들도 필요한 사람을 위해 나누는 배려도 필요하다. 인간이기에 서로 완전하지 못하고, 그 불완전성이 인간의 매력을 발산하는 힘이 되기도 한다. 오늘 하루도 모두 착함과 선함으로 깨끗함을 즐겼으면 좋겠다.

흔들리는 놀이기구와 함께 하는 아이들은 큰 소리로 움직인다. 고요하고 작은 파동은 자장가가 되기도 한다. 진동이 크면 존재는 반응한다. 존재가 균형에서 이탈하게 될 때 사람은 소리 지르고, 말하고, 행동하고, 글을 쓴다. 글쓰기는 마음 흔들림을 표현하는 기술이면서 새로운 평형을 찾기 위한 몸부림이다. 평범하고 지루한 느낌이라면 단어의 순서를 과감하게 바꿔보자. '당신을 사랑해'를 '사랑해 당신을'로 단어의 위치만 변경해도 색다른 어감을 즐길 수 있다. 놀이기구의 흔들림으로 지루한 일상을 깨부수듯, 단어를 흔들어 글에 생명력을 불어넣어 보자.

말하고, 쓰면서 갈등의 이유를 탐색해본다. 성찰의 과정이다. 같은 글일지라도 손 글씨와, 파일로 저장한 글과, 책자로 완성된 활자는 가독성과 생명력이 서로 다르다. 며칠 전 출판한 책을 다시 읽으면서 발견하게 되는 오탈자는 파일로 볼 때는 미처 발견하지 못했던 거다. 완벽하다고 착각하지만 틈이 있어 인간이다. 꽉 차 있는 거 같아도 공간이 숨어 쉬고 있어 여지가 있다. 세상살이에 맞춘 것 같아도 자세히 보면 여유가 있다. 그 도화지에 낭만이라는 추억을 그려보자. 심호흡 한 번 하고 쉬어 보자. 물음표 느낌표 따옴표도 좋다. 필요하면 마침표도 찍자. 쉼표 하나를 마음에 찍고 시작한다.

글 쓰는 이유는 다양하다. 쓰는 사람의 주장과 생각, 느낌과 감정, 경험과 지식을 기록해 두려는 행위다. 사물의 형상을 묘사하고 자연을 관찰한 결과를 남겨두고 싶은 인간 욕구의 결정체다. 휘발성이 강한 말하기보다는 글은 시대를 관통하며 전달하기에 좋은 수단이 된다. 말하기도 녹음기능을 통해 시간과 공간을 넘어서기도 한다. 현대 기술의 발달로 말하기와 글쓰기, 표정이나 몸짓의 언어들의 융합도 기술적으로 가능하게 되었다. 그림이나 음악으로 표현하는 방식이 예술이라면 실존하는 인간이 환경과 접촉하면서 흔들리는 사유와 몸짓을 언어로 표현한 것이 문학이 아닌가 싶다. 말하고 글을 통해 연결되고 소통하며 내면을 성찰해보는 귀한 과정이 삶을 살아가는 상징으로서의 인간이 가진 속성이다. 말하고 글쓰기는 왜 하는가를 자문해본다. 진선미 또는 매슬로우의 욕구이론에 따른 것인가. 진리를 기록하고 싶어서. 선한 영향력을 기억하고 싶어서. 아름다움을 전하고 싶어서. 욕구를 드러내고 싶어서. 자기를 성찰하고 싶어서. 자아실현의 수단으로, 상대방을 변화시키려는 의도를 가지고, 인정을 받고 싶어서, 위험에 대비하기 위해서, 글을 쓰는 이유와 목적은 쓰는 이의 의도와 지식과 쓰는 기술적인 능력들에 따라 천차만별

일거다. 분명한 것은 말하고 글쓰기를 세련되게 즐길 수 있다면 세계를 창조하는데 한발 앞서 유리하다. 신기하게도 그렇다. 글을 잘 쓰고, 좋고, 아름답고, 예쁜 글을 쓴다는 건 그런 글들을 많이 읽어야 한다는 것이다. 격조 높은 언어를 구사하려면 그런 언어들을 보고 배우며 모방하는 과정이 필요하다. 사람은 결과의 달콤함은 즐기고 싶어 하지만 그 열매를 맺기까지의 과정에서 겪어야 하는 인내와 습관 그리고 노력은 간과하기 싶다. 봄꽃이 화려하고 밝고 세상을 맑게 정화시키려 혹한의 겨울이 내리는 고난을 극복한 거다. 잠시 스쳐가는 지구별에서 의미 하나 두고 떠나기 위해 후세에게 남기고 싶은 작은 메시지가 있다면 그 자신의 인생 전체를 녹여서 씨앗으로 만들어 간결하고 이해하기 쉬운 언어로 남겨두자. 글의 씨앗이 누군가의 마음에 남아 먼 훗날 열매 맺을지 누가 알겠는가. 지금 읽고, 쓰고, 말하는 상징의 놀음은 단단하게 여물기 위한 씨앗 맺음의 모태다.

독 서

책을 읽으면 좋다고 한다. 너무나 자명한 명제라 부정하려니 마땅한 구실을 찾기 어렵다. 반대하면 세상과 등지고 비난의 십자포화를 받을 것만 같다.

책을 읽으면 사색할 수 있다. 몽상가의 정신세계를 경험한다. 경험이 배움으로 귀결되려면 체험이 의식을 각성시켜 기억에 흔적을 남기는 과정이 있다. 각성이 깊고 커서 마음에 새겨 단단한 돌에 새겨둔다. 말이 지닌 휘발성에 비하면 글은 쓰고 읽는데 인내의 시간이 묻어 있다.

독서의 체험은 사고의 과정을 동반하므로 체험의 강도가 남다르다. 글을 문자로만 읽어서는 독서가 성립하지 않기 때문이다. 의미 맥락을 따라가야만 한다. 묘미는 시간과 공간을 초월하는 경험을 느낄 수 있다는 데 있다. 과거와 현재와 미래 어디든지 여행한다. 내어준 길을 걷다 보면 가지 않은 길에서 받은 감동 선물로 뿌듯하다.

책 읽기는 지루하고 포기하기도 쉽다. 타인의 체험 길을 걷는다는 건 흥미 없고 무의미한 일상이라 그렇다. 호기심과 즐거움을 만나지 못하면 동기부여가 되지 않아 그렇다.

공감 능력이 있는 독자라면 책이 주는 깨달음의 선물을 받아 유

리하다. 독서는 거울에 자신을 비춰보는 행위다. 동의도 하고 때론 반대도 대입하면서 길을 걸어야 한다. 무심코 생각 없이 걷다가는 길을 잃고 헤맨다.

미지의 세계는 발견의 기쁨을 얻기도 하지만 지루함으로 불편을 받기도 한다. 미지의 무대를 잘 선택해야 한다. 익숙한 길을 한 번 더 걸어볼까 아니면 가보지 않은 새로운 장소를 둘러볼 건지는 오로지 독자의 손에 달렸다. 취사선택을 마음대로 해도 좋다. 장편이 끌리는지 단편이 좋은지도 마찬가지다. 스냅사진으로도 충분히 감동이다. 대부분은 동영상이 더 관심을 끌고 간접 경험하기 좋다. 연결된 스냅사진이 많을수록 경험치가 높을 확률이 높다. 장편을 읽어 걷는 길은 숲도 보고 나무도 보면서 사막도 걸을 수도 있으니 다양하고 오랜 경험을 일관되게 한다. 한편의 인생 드라마를 보는 것이다. 베스트셀러, 고전, 사람들의 인지도가 낮은 책도 괜찮다. 인간의 합리성과 군중심리는 많은 다른 사람이 선택한 방식을 쉽게 따른다. 잘못될 가능성과 낭비를 방지하려는 고육책이다. 대중사회를 사는 우리는 다수의 힘을 거역하지 못한다. 사회의 평판과 신호 변화에 민감하다. 사회에서 뒤처져 낙인찍힐까 두려운 거다. 옳고 그름의 판단보다는 함께 어울려 안락함을 추구한다. 위험하거나 불확실한 선택으로 모험과 불안을 감내하려 들지 않는다. 책을 선택하고 독서를 통한 깨달음도 공중의 생각 주머니 속에서 하려 든다. 선을 벗어나 누릴 자유보다 대중의 속박에서 안전을 찾는다.

책은 문자의 나열로 신기루를 제시한다. 다양한 차원의 허상과 몽상을 경험한 독자는 인생이 이와 별다른 차이가 없다는 사실을 깨친다. 책을 읽는 과정에서 인생에 집착하며 자신의 삶을 힘들게 만드는 오류를 줄일 수 있다.

독서가 얼마나 도움이 되는지 지지하거나 반대할 근거를 제시하기 어렵다. 독서량이 충분하지 못한 탓이다. 분명한 건 독서량이 많은 사람의 세계관은 세상이 가르쳐주는 정답과 틀에 맞춰진 생각들을 한 번쯤 색다른 눈으로 보고 판단한다. 폭넓은 인생 체험에는 독서에 견줄 만한 가성비 좋은 나침반은 없다.

세상 창 바라보며**

사회는 시장과 정부의 두 수레바퀴 아래서 운용된다. 인간은 두 개의 대조되는 개념으로 사회와 세계를 봤다. 선과 악, 행복과 불행, 깨끗함과 더러움, 삶과 죽음도 서로 나누고 구분한다. 이분법 사고는 분류하고 그 속성을 파악해서 차이를 규명하기를 쉬이 한다. 다르고 차별화된 개성은 대량생산과 소비의 대중사회를 사는 인간에게 멋과 세상을 인식하는 틀을 제시하는 밝은 면을 가진다. 이분법(dichotomy) 사고는 막스베버의 이상형(ideal type)이다. 차이와 대립, 갈등구조는 개념 간의 중간을 빠뜨리거나 설명하지 못한다. 단맛과 짠맛이 어우러진 맛 단짠맛이 통용되고, 정부와 시장이 융합된 민관기구가 주목받는 이유다. 4차 산업 혁명시대, 빅데이터와 인공지능으로 융합이 가능한 시대는 이분법 세계관을 넘어 새 패러다임이 나타날 것이다. 통합과 메타분석이 인과관계 분석 자리를 꿰차고 대체하면서, 원인과 결과변수들의 융합을 통해 새로운 가치와 현상을 이해하고 설명하게 된다. 빅데이터 기술은 이미 그 실현이 가능함을 증명하고 있다. 융합은 사회의 차원이 높아질수록 필요성 측면에서

** 매일경제에 투고한 원고 내용이다. 매일경제에 실린 내용은 본 원고 내용의 일부 발췌본이다.

도 가치를 선점한다. 선, 악, 행, 불행, 기쁨, 슬픔이 다르지 않음은 언어의 유희가 아니다. 삶을 수행한 선각자들이 우리에게 알려주는 지혜의 한 조각이다. 융합이 필요와 가능성을 넘어 새로운 가치와 의미를 선보이게 되길 기대한다. 차원 높은 융합과 통합의 시대에는 갈등과 대립을 넘어 인간과 기계, 정신과 물질세계가 조화되어 지고지순한 인간의 깊고 선한 인성이 그 가치를 인정받게 된다. 너와 나를 구분 짓는 시대에서 함께 우리, 한 마음이 세상에 우뚝서길 기대한다.

인(仁)과 의(義)

의롭다. 한글은 소리 내어 읽고 의미를 파악하는데 다른 언어보다도 쉽다. 모국어이기 때문일 거다. 한글의 우수성은 역설적으로 읽기와 쓰기를 소홀히 대하는 경향을 초래했다는 개인 생각이다. 영어권 학교에서는 초중등과정에 선생님이 학생들에게 읽기를 강조한다. 단어와 발음기호가 서로 달라 단어 하나하나의 발음에 익숙해야 한다. 한글은 발음기호가 따로 있지 않아 초등학교 과정에서 읽기 교육이 상대적으로 등한시 취급한다. 읽으면 의미 파악이 쉬운 한글이기에 한자를 배우지 않은 한글전용세대는 인(仁)과 의(義) 같은 한자어에 담긴 심오함을 제대로 알지 못한다. 의란 인을 실천하기 위한 방편이라 한다. 인이란 '사람 인'자에 '둘 이'가 합한 한자어다. 두 사람 사이에 인이 있다. 사람과 말의 합한 '믿을 신'은 사람의 말에는 마땅히 믿음이 있어야 한다는 뜻을 담는다. 사람의 말은 믿기 어렵다는 반어적인 표현인지도 모른다. '어질 인'도 마찬가지다. 어질다는 의미가 또 무엇인가. 공자는 하늘과 인간의 길이요, 맹자는 안락한 집을 인에 비유했다. 인자하다. 인의예지. 인을 깨쳐 행하려면 지극한 정성이 따라야 한다. 인의 실천 방편으로서의 의는 군신유의에서 알 수 있듯이 인간 사회의 질서유지에 필요한 개념이다. 시멘트처럼 질서를 유지하고 붙어 있게 하는 접착제와 같다. 의리가 있다함은 질서를 존중해서 이익이 된다는 의미다. 혼돈의 시대 질서와 권위가 상실하는 시대를 살면서 공자와 맹자는 새로운 인간 사회의 질서를 찾았을 거다. 군신유의에서 의를 신하가 가져야 하는 건가 아니면 임금이 가져야 하나. 아니면 임금과 신하의 다리가 의가 되어야 하는가. 아마도 후자일 거다. 소유 주체의 측면이 아니라 관계와 다리에 필요한 접착제로서의 '의'가 역할을 하겠지. 한글에서도 의는 단어와 단어를 연결하는 조사로 쓰인다. 군(君)과 신(臣)의 관계에 의가 있어야 함은 인간적인 사랑의 기반으로 서로 존중하고 서로의 입장을 충분하게 이해하는 거다. 나를 주장하기에 앞서 군은 신하를 신은 군을 따뜻한 자애의 마음으로 인간으로서의 존중과 배려가 묻어나는 관계가 의롭다고 할 것이다.

인이든 의든 어렵게만 느껴지는 단어 하나들의 의미를 깊이 속살을 들여다보면 그 한 단어에 인간 삶 전부를 아우른다. 친숙하고 쉽게 사용하는 단어의 의미를 짧은 언어로 설명하지 못하는 이유다. 한 단어가 심오하고 저 아래에 있어 많은 의미를 축소해서 보관하고 있음은 겨우내 꽁꽁 묶어둔 씨앗과 다름없다. 봄엔 그 씨앗에서 무궁무진한 꽃들이 펼쳐진다. 의롭게 핵심을 묶어두자.

호기심은 사랑으로

겉으로 보면 말이 많다. 회의에서도 주로 대화를 하는 편이다. 침묵이 주는 고요함을 상대방이 불편하다고 지레짐작으로 먼저 수다를 떨고는 지나고 나면 후회한다. 가능하면 회의를 멀리하고 사람들과 거리를 두려고 한다. 많은 말을 하는 상황을 원천적으로 막는다. 자신을 믿지 못하는 거다. 사람에게 호기심이 많다. 그 사람의 생각과 철학 그리고 인생 경험 모두가 나에게는 소중한 배움의 참고서다. 사람의 이야기를 들어서 궁금함을 풀어 배우니 실존적으로 인간을 이해하는 소통의 통로다. 먼저 인생을 사는 선인들과 나와는 또 다른 세계관을 가진 청춘의 이야기를 듣는 행운이 좋다. 사람의 사랑 이야기는 감동이다. 대면에서 나를 조절하는 이유로 비대면 세계에서 만난 노인 부부의 사랑 이야기는 휴지통을 가볍게 한다. 세월의 흔적이 남긴 깊은 주름도 그 곱던 청춘을 다 가리지 못한다. 늙었다고 인식하는데도 소년 소녀의 감성은 그대로다. 시간 속에 더 농후해진 느낌이다. 멈춘 시간과 공간에 그때 그 청년이 그대로 무르익어 젊음이 깊어진 심연에서 숙성된 거다. 74년의 시간이 저장된 된장독에서 묵은 콩을 꺼낼 때의 인생 향기가 가득하다. 사람의 뜻이야 뭐 그리 대수인가. 같이 오래오래 건강하게 살다가 함께 같은 날

저승 가자더니 그게 어렵다는 거 알아도 소망이 있어 좋다. 몰라도 부끄럽지 않다. 서로 예뻐하고 존중하는 마음을 알고 있으니 100에서 7을 뺀 숫자를 모르면 어떻고 오늘이 며칠인지 알아둘 필요도 없다. 때 되면 함께 밥 먹고, 때 되면 서로 마주하다가, 어두워지면 한 이불 덮고 함께 잠자리에 든다. 일상이 사랑이다. 사람이 사랑과 같음을 나비부부를 보고 배운다. '영감 예쁘징' 소녀의 콧소리와 미소는 세상 두려움을 물리치는 약이다. 소년의 글쓰기와 명심보감 독서는 깨치고 나가는 기름이다. 버선 비녀 소고기 장보기는 정겹다. 소년이 소녀에게 건네는 선물이다. 정성은 상대에게 꼭 필요한 걸 준비하는 거다. 따뜻함을 필요로 하는 할머니에게는 할아버지의 장작과 버선 한 켤레 맛있는 소고기 국이면 세상 다 가진다. 할아버지의 선물은 할머니의 모든 세계다. 행복한 사랑의 나비소녀.

선진국의 조건

앞서 발전한 국가는 먼저 나가니 선진국이다. 선진국의 발전 단계를 따라 밟아 가면 후진국이다. 선진국은 기술과 제도를 창조하고 후진국은 그들을 배워 모방한다. 가끔은 먼저 사는 사람의 오류를 익혀 그 잘못을 뛰어넘는 도약으로 뒤처진 사람이 유리한 고지를 선점하기도 한다.

통상 국민소득 수준에 따라 선진국과 후진국을 구분한다. 그 선진국들의 속성을 보자. 인건비가 비싸다. 높은 경제 수준을 반영하기에 사람 쓰는데 돈이 많이 든다. 사람을 귀하게 대접하고 존중받는 의미다. 인건비가 올라 경제에 부담이 된다 싶으면 바로 인건비 덤핑이 가능한 저개발 국가의 노동력을 함부로 수입하지 않는다. 높은 인건비를 부담할 경제 기반이 튼튼하기에 가능하다. 제약이나 고부가가치 기술로 부를 누리므로 그 축적된 자산으로 사람에게 충분한 보상을 준다. 후진국은 가진 기술과 축적된 부가 없으니 사람을 쓰고도 보상하기 쉽지 않다. 일자리도 부가가치가 낮아 소위 인건비를 아껴서 경제를 운영한다. 고도화된 의미에서 서비스 산업이 발달하지 못하고 생산성이 낮다. 노동은 힘든데 선진국 근로자보다 낮은 대우를 받는다. 경제 구조는 교육과 가치관에도 깊이 연관된 인자다. 노동 가치를 귀하게 대우하기에 선진국은 대학 진학 학생 수가 많지 않다. 직업교육으로 기술에 숙달하면 취업으로 경제적인 안정을 확보한다. 대학을 졸업하고 연구하는 사람과의 차이도 크지 않다. 삶의 양과 질에 큰 차별이 없다. 교육시스템과 계층구조가 조화롭다. 안정적인 사회라 도시 공간의 변화도 거의 없다. 수십 년 만에 방문해도 예전의 추억 그대로다. 과거를 확인해 봐도 불편함이 없다. 익숙한 공간에서 생활하기에 적응하느라 에너지를 불필요하게 낭비하지 않는다. 여가와 가정은 일과 병행한다. 선진국은 단순히 국민소득만으로 성취될 지표가 아니다. 경제수준이 높아지면 인간의 태도와 습관이 변하기도 하겠지만 걸맞은 철학과 소양을 함양해야 한다.

감염병이 전 세계로 확산되어 우리도 재택근무와 유연근무를 시도하고 있다. 재택과 유연근무를 받아들이고 일과 가정을 균형 잡아 생활하기란 지난한 과정이다. 인간의 행동 양식의 변화가 얼마만큼 어려운지를 실감한다. 뿌리 깊은 인식의 전환 없이 선진 국민이 되기란 요원하다. 인문학으로 자신을 성찰하자. 인본주의 사상을 깊이 깨쳐 사람을 존중하고 사랑하는 사회에서 우리 후손들이 평화롭게 살아가는 모습을 보고 싶다.

제도로 변해봅시다

몽테스키외는 법이란 사물의 속성의 필요적인 관계라고 정의한다. 사물, 속성 그리고 필연적인 관계 세 단어가 핵심어다. 속성 값이 같은 사물들을 하나로 묶어 분류한다. 속성 값을 알면 사물을 인식할 수 있다. 필연적인 관계를 파악하는 것도 값을 찾는 과정이다. 몽테스키외는 법을 인간 이성의 작용으로 표현된 사회기구나 제도들로 봤다. 노예제도의 속성은 지배와 피지배, 착취를 포함한다. 노예제도는 군주제도와 봉건제도 또는 귀족제도와 연결된 사물개념이다. 군주제와 지배계층이 붕괴하면서 노예제도도 파괴되기에 이른다. 동전의 앞뒷면처럼. 노예제도는 그 나름의 기능을 한다. 법은 인간의 이성 작용으로 만들어진 형식과 제도들로 사회구조를 반영한다. 시대와 사회의 변화에 따라 법도 변화하게 된다. 법이 변화한다는 의미는 사물의 필연적인 관계가 변화한다는 의미다. 이런 측면에서 몽테스키외의 법이란 상대적이고 시대에 따라 변화하는 융통성과 신축성을 가진다. 개념적으로 사물이란 물리적 사물과 인공적인 사물, 사람이 만든 추상적인 제도 등의 사물이 있는데 몽테스키외는 주로 인공적인 추상적인 사물을 주로 연구대상으로 한다. 인공적인 추상 사물의 속성 값은 인간이 부여한다. 물론 사물 그 자체의 속성에서 유래하는 속성 값도 존재하지만, 노예제도의 사례에서 보듯이 인간이 의도적으로 부여한 값이 작동한다. 이 값이 관계를 설정하는 원인요인이 되기도 한다.

가끔 택시는 편치 않은 존재다. 운전행태를 보노라면 저렇게 해야 하나 싶다. 물론 길가에 갑자기 손들고 기다리는 승객을 잡으려면 갑자기 끼어들어 정차하기는 어쩔 수 없다고 변명할지 모른다. 얼핏 드는 생각은 이런 시스템을 우리 인간이 잘 정리해서 서로 고쳐나갈 수 있는 영역이 아닌가 싶다. 버스 정류소처럼 택시 정류소를 만들어서 특정 지점에만 택시를 승하차할 수 있게 한다면 불편이 따르겠지만 승객을 태우기 위해 택시가 갑작스레 끼어들어 정차하면서 발생하는 위험을 예방하는데 도움이 된다. 인간의 의식작용과 정신 작용이 사회와 인간 개인의 문제를 완전하게 해소하지는 못하더라도 시스템의 개선을 통해 점진적인 해결이 가능하다. 요즘 무의식의 세계를 기술하고 설명하고 기록함으로써 의식으로부터 조금은 자유롭게, 무의식을 통한 평화와 평정을 느끼고 있다. 분명 무의식의 세계는 평화롭고 평정하고 고요하다. 의식이 미쳐 날뛰더라도 무의식의 세계는 전혀 그와 관련 없다. 마치 파도가 치고 비바람이 불어도 심연 저 아래 깊은 곳에서는 마치 아무 일 없는 것과 같다. 많은 경험을 하고 깨친 선각자는 심연을 본다고 한다. 가장 깊은 무의식을 느낀 것이 아닌가 싶다. 저 깊은 곳에, 가장 낮은 곳에 두고, 하나의 점으로 만들어보라. 그러면 깃털처럼 가볍고 그대가 아무것도 아니라는 것을 느낀다. 그때의 평화로움은 우주의 어디에 있어서 어디로 향하더라도 고요와 안정 그리고 평화만을 느낄 뿐이다. 고요와 평화는 의식의 세계에서는 얻을 수 없는 무의식의 세계에서 느낄 수 있는 우주의 축복이다.

일직선에는 도돌이표가 없다

꽃이 피는 봄이다. 봄이라 꽃피는지 꽃이 펴서 봄인지 봄과 꽃은 이렇게 잘 어울린다. 겨울에 피는 꽃도 있다. 개나리가 겨울에 피게 되면 곧 시들게 된다. 봄을 느끼지도 못한다. 세상의 일은 때에 맞아야 한다. 분위기와 공간도 맞아야 하고. 때에 맞아 시의적절한 행위를 하는 게 좋다. 조화로운 행동이라 부드럽고 갈등도 적다. 젊을 때는 공부하고 늙어지면 깨우친 거 실천하며 태어나고 성장하고 늙고 병들고 죽음까지도 그 때때로 적합하면 아름답지 않은 것이 없다. 겨울에 봄꽃이 생경하게 신선함을 주듯 가끔은 때를 거슬러 보기도 하자. 순리대로 살아가다 잠시 물길을 거슬러 보는 것도 나쁘지 않다. 평범하고 자칫 나태해지기 쉬운 일상에 자극이 되기도 한다. 과일을 유난히 좋아하니 시대에 감사하다. 여름 과일인 수박도 제철을 잊은 지 오래다. 입덧이 날 틈이 없다. 겨울에도 추위를 모르고 수박 넝쿨이 자란다니 자연을 오롯이 느끼지 못하고 통제하고 관리하는데 익숙하다. 수용하고 받아들이는 미학이 점점 발붙일 자리가 없다. 때를 잊고 살 수 있다는 건 축복이다. 그 축복 속에 때를 기다리고 인내하며 준비하는 우리의 모습이 사라지고 있다. 때로는 때를 만들지 말고 기다리는 겸손함도 갖자. 시시때때로 펼쳐지는 변화를 경외로 체험하자.

이반일리치

일리치의 죽음을 대하는 동료 판사들의 자세는 위선 또는 거짓. 진실의 속내는 다음에는 누가 그 자리로 이동할 것인지 승진할 것인지에 관한 생각과 자신은 죽지 않았다는 안도감이다. 자신과는 아무런 상관없어 영원히 살 것이라 몽상하면서 철저하게 죽음에 울타리를 친다. 자신과는 전혀 무관한 일상이라 치부한다. 일리치의 삶은 단순하고 평범했다. 그래서 그의 인생은 끔찍했단다. 신이 본다면 인간 삶이 평범하지 않을 수 없다. 인간은 실존적으로 모두 끔찍한 인생을 살아갈 수밖에 없는 한계를 가진 것인가.

일리치가 질병을 앓고서야 인생이 신기루요 환상이며 돈과 시간을 교환한 어리석은 행위를 깨닫게 된다. 자신을 바라보는 안목과 찾는 시간을 가져야 한다. 자신을 아끼고 참모습을 실행해가는 용기가 필요한 시기이다. 배려한다는 이유로 너무나 많았던 말과 행동이 거짓과 위선으로 포장되어 그대의 몸은 얼마나 힘들었던가. 진실로 그대를 아끼고 사랑한다는 의미에서 이기적인 것이 진실한 삶에 시금석이 된다는 인지를 하자. 존중하자. 그대는 주인공이다. 그대 없이 이 세상은 없다. 철저하게 이기적이라 인정하며 거짓을 떨쳐 진실하게 사는 첫 출발이다.

감사가 축복이다

인생이야기를 들으며. 한 때 방황의 시기에 그 혼돈을 벗어날 수 있었던 힘이 되어준 것은 바로 '사람'이 인정과 존중해주는 배려라는 거다. 사람마다 배려하는 방식은 다양하다. 핵심은 감사하는 마음을 가지고 있다는 것이다. 자신을 배려해주고 인정해준 사람의 힘에 기대어 그 어려운 시기를 잘 지내왔다는 의미다. 태풍이 불고 비바람이 거세도 누군가 한 사람의 지지와 의지가 이렇게 큰 힘이 될 수 있는 거다. 고마움은 그 자신의 것이라는 거다. 아무리 따뜻한 의도로 배려를 했다고 치더라도 그 배려가 배려로 다가오지 않을 수도 있다. 인생은 모두 자신의 것이다. 어떻게 받아들이고 해석하고 느끼는가에 따라 운명이 결정된다. 감사한 마음을 가진다는 것은 사랑하는 출발이자 성장시키고 좋은 자양분을 받게 하는 시초다. 다른 사람의 작은 봉사를, 자연이 주는 작은 편안함을, 당연한 것으로 생각하지 말고 감사함으로 받아들이는 지혜가 꼭 필요한 이유다. 감사합니다를 아무리 반복해도 과하지 않다. 주변의 일상에 감사한 마음으로 대할 때다.

명함의 사회학

사람의 이름과 그 사람에게 접근 가능한 정보를 담고 있는 종이 카드를 명함이라 부른다. 명함에는 주인의 사회적 지위도 표기한다. 사회생활에서 사람 만남의 첫 시작은 명함 주고받기다. 상대에게 알리고 알게 되는 시발점이다. 짧은 만남에 많은 정보를 알게 하니 효율적으로 인연 맺기 좋다. 선입견으로 쉬이 판단하기를 선호하는 현대인들에게 명함은 자기 알리기 좋은 수단이다. 깨알같이 작은 글씨에서 휴대폰 번호만 남기고 곧장 휴지통에 버려지는 신세다. 조금 더 남게 하려는 몸짓은 명함을 금색이나 비싼 재질로 한다. 그것도 며칠을 못 간다. 직위나 학력을 표시해서 자신의 일부를 드러내는 건 위험이 따르는 모험이다. 순수한 마음으로 명함 주인의 관심 분야를 알려 대화의 공통점을 쉽게 찾는다면 나쁘지 않다. 명함에 한 줄 더하는데 몇 년의 시간과 정성이 들어갔는지 모른다. 대신 명함을 건네받은 사람은 감동 없는 한 줄의 글을 읽지도 않고 무시하기 다반사다. 사람은 자기 자신을 소중하게 생각하고 상대를 적당히 대하는 경향이 있다. 귀하게 존중하는 당신은 인문학적 인간애를 깨친 사람이다. 명함이 길바닥에 떨어져 있다. 아무도 관심두지 않는 저 사람의 인생 이력은 그 사람에게는 이 세상 유일한 체험이다. 돈보

다 더 소중한 명함을 소중하게 받아 간직하자. 물론 명함에 표현된 껍데기만을 가져 인간을 놓치는 우를 범하지 말자. 명함을 들고 당신을 방문한 그 사람은 세상에서 다시 만나기 어려운 귀인이다. 차 한 잔 따뜻하게 대접하고 그 사람의 마음을 들어 보라. 인향이 당신을 취하게 한다.

자판기

4차 산업혁명이 화두다. 이 혁명의 맹아는 자동판매기가 아닌가 싶다. 100원의 행복. 도서관 입구 휴게실 중앙에 떡하니 자리 잡고 학생들을 한 줄로 세우고 기다리게 한다. 동전 하나 투입하고 버튼 누르면 달달해서 맛있는 믹스커피 종이컵 한 잔 선물 받는다. 식사 후에 입가심으로 오후에 노곤함도 이 한잔이 해결해 준다. 자판기 하나 가지고 관리하면 곧 부자가 될 거만 같다. 단물 빠진 컵들이 산을 이루니 주인의 동전 주머니는 묵직하니 행복을 준다.

커피를 좋아하고 사색하기를 즐겨하니 자판기 커피는 약간의 허세를 부리기에 딱 좋다. 이렇게 행복과 여유를 주던 자판기를 이젠 찾기 어렵다. 휴게소 중앙은 커피 전문점이 떡하니 자리 잡고 있다. 건물 모퉁이 구석진 자리에 초라하게 자판기가 있다. 오백 원 동전을 넣고 그 느낌을 추억한다. 달콤함이 청년에게로 내달린다. 전문점에서 느끼는 고급스런 풍미는 없어도 바람과 자연을 벗하며 맛보는 추억의 맛은 어렵게 찾은 가치를 충분하게 보상해준다. 교우와 음미하던 한 잔의 달콤한 소중함이 변해서 지금은 운전으로 쌓인 피로를 가족과 함께 풀어준다. 가성비도 좋다. 휴게소의 진열들에 눈길에 손길이 미치지 못하는 건 내 입맛이 예전과 달라진 탓이다. 아

끼고 절약하는 습성이 몸에 베인 탓으로 돌리기에는 매력이 너무 없다. 맛도 호기심도 채우지 못한다 생각하니 카드 한 번 꺼내기도 쉽지 않다. 휴게소 커피 자판기를 더듬어 추억하는 사람이 있다. 이 잔은 달콤함을 넘어 멋진 병풍 같은 산을 기억하게 될 거 같다.

어른이 된다는 건 이렇게 홀로서기 하는 거다. 자판기의 운명처럼 시대가 변하고 나이가 들어 구석 한 모퉁이로 밀려날지라도 외롭다 불평 말고 감사히 즐겨야 한다. 세포가 떨어져 나가는 아픔을 극복하고 내면화하면 독자성을 갖게 된다. 송아지가 어미 소의 젖을 먹고 성장한다면 편하고 좋다. 어른이 되려면 그 젖도 끊고 들판의 풀을 자신이 뜯어 소화해야만 한다. 젖을 끊는다는 건 생명수를 포기하는 거다. 어릴 때 젖을 끊기 위해 쓴맛을 바르기도 하고 그렇게 어렵고 진통이 따른다. 홀로서기가 고통을 딛고 가능하기 위해 냉철한 결단도 따라야 한다. 송아지를 믿는다. 소는 송아지가 어떤 느낌인지를 어렴풋이 알겠지. 송아지야 소를 헤아리거나 그럴 필요조차 없다. 송아지가 클 때가지 믿고 지켜봐주라. 자연이 주는 선물이다. 함께 사는 세상에 혼자 걷는 걸음을 사랑하자. 아침엔 자판기 커피 한잔도 좋다.

어른 선택

서양과 동양의 세상을 바라보는 관점의 차이에 대해 생각해 본다. 교육의 영향이 큰 것 같다. 어렸을 적 기억을 떠올려보니, 미국 학교에서는 무엇을 잘하면 보상으로 구름스(Grooms)선생님이 선물을 주셨다. 엄밀히 말하면 선물을 주신 게 아니라 갖고 싶은 것을 고르게 해주셨다. 유리병(jar) 안에는 모두 다른 다양한 물건(goods)들이 있었고 선생님은 유리병을 학생 앞에 들어주시며 "Pick one(하나 골라)"이라고만 말씀하셨다. 하나만 골라야 한다는 제약을 부과하셨지만, 무엇을 고를지는 완전히 아이의 자유에 맡겨졌다.

그때 골랐던 선물이 아직 기억에 남는다. 갈색 가죽으로 된 동그란 쿠키 모양 컵받침이었다. 컵받침이 나에게 쓸모 있는 물건은 아니었지만, 모양이 마음에 들어서 골랐던 기억이 난다. 그리고 장난감으로 가지고 놀았던 것 같다. 때로는 젤리 빈이 가득한 유리병에서 젤리 빈을 선택하게 하셨다. 빨강, 분홍, 주황, 노랑, 보라, 검정 등등 여러 색의 젤리 빈이 있었다. 그때도 나는 가장 예뻐 보이는 색의 젤리 빈을 골랐다. 빨간색을 먹었는데 계피 맛이라 놀랐던 게 떠오른다. 어렸을 때 충분히 자유로운 선택과 결정을 해보는 경험이 중요하다. 내 선택이니 온전히 그 선택의 결과를 누릴 수 있다. 자

유로운 선택에 뒤따르는 책임(계피맛 젤리 빈을 먹는 것)도 배워간다. 오히려 어른이 된 지금은 무엇을 선택할 때 많은 생각을 하게 된다. 친구나 어른이 카페음료나 식당음식을 사준다고 하면 부담되는 가격은 피하려 메뉴판을 본다. 그냥 먹고 싶은 거를 고르면 되는데 사주는 사람이 어떨지 모르니 눈치를 보는 것 같다. 적당히 다른 사람이 시키는 것을 똑같이 시킨다. 물론 이 예는 미국 예와 달리 돈이 관련된 것이라 비교가 어려울 수도 있다. 하지만 이 뿐 아니라 다양한 실생활 예에서 남, 돈, 시간 등등 여러 외부 요인으로 인해 선택에 제약을 받는 것을 알 수 있다. 아주 작은 것이라도 온전히 나만을 생각한 선택을 해보는 게 어떨까. 여러 생각들이 조합되어 그 중에 하나를 선택하려 드는 것, 어른이 되어 가는 과정이다.

그대(눈)

사람이 사랑할 때 당신을 바라보며 빠지게 된다. 만화영화를 감상하는 재미는 주인공이 가진 큰 원에 검은 색이 우주의 모습을 닮아 빠진다. 노랫말에는 크기가 커서 좋단다. 인간의 육감에서 가장 으뜸이다. 사랑하니 바라보기만 해도 설렌다. 듣고 느끼고 싶으니 연인들은 꼭 붙어 다닌다. 여름보다 겨울이 더 좋다. 사랑에 빠질까봐 마주보기 두려워 피한다. 바라보기는 명상의 처음이다. 자신을 바라보는 연습은 자기를 알아채는 과정이다. 겉으로 봐서는 모를 속을 보니 깨닫는다. 느낌으로도 알아채니 가히 보기의 달인이다. 문제풀이 안내도 보기다. 맛을 처음 시도하면 맛보기다. 남을 헐뜯으니 흉보기요 욕보기다. 보고 보여주는 건 우리의 일상이다. 지켜 기다려 보는 건 인내요 사랑이다. 우주의 끝도 보려 한다. 보면 반갑고 쌓인 오해도 풀린다. 말없이 바라만 보자. 말과 행동은 오해의 씨앗이다. 따뜻한 마음을 담아 포근하게 눈길을 준다. 변명으로 변해버릴 이야기는 없다. 절대 고요와 평화의 침묵에 붙은 보기는 비범한 힘과 에너지로 다가온다.

자기 곤신

직장인인 불가피하게 자리를 비워야 하는 경우가 있다. 병이라도 있는 사람이라면 관리를 꾸준히 받아야 한다. 직원이 직면한 상황도 별반 다르지 않았을 거다. 어느 부서에 근무하는지 알지 못한다. 사람은 측은지심이 있어 어려운 처지에 있으면 도와주려는 마음이 인다. 조심스레 업무협조를 요청하면 반응은 특별났다. 신앙심이 깊었던 때문인지 알 수 없으나 사람이 사람에게 일을 부탁하는 모습을 받아들이기 힘들어 했다. 어쩔 수 없이 자리를 비워야 한다면 남들보다 이른 시간 출근해서 부족한 업무시간을 보충해 보자. 동료들이 근무하는 시간에 맞출 수 없는 한계로 불편한 마음이야 어쩔 수 없다. 미래의 누군가에게도 닥칠 수 있고 그 누군가에게는 지금 당신이 선택한 인내의 길이 좋은 지침과 위로가 될 수도 있으니 포기하지 말라. 응원과 지지를 바라지는 못해도 괜찮다. 누군가는 말하지 못하는 어려운 자신만의 부끄러운 부분이 있다. 인간의 실존적 한계에 우리 모두 사랑으로 감싸주는 따뜻한 사회에 함께 할 수 있어 감사하다. 그 누구에게도 우주의 한 작은 그 무엇에도 피해를 주지 않기를 소망한다.

인정하고 지지해주셨기에 그런 사랑의 힘이 이 모든 과정을 깃털처럼 가볍게 건너가는 원동력이 되었다. 과분하게 받았으니 맘껏 베풀자.

순간을 산다. 불가항력의 분야다. 철저하게 받아들일 뿐 다른 대안은 없다. 숙명이다. 운명의 길은 한걸음이다. 먼 미래는 없다. 찰나에 집중하고 기도하고 감사하고 사랑의 힘을 느낀다. 하루살이 순간을 자각하라.

의심 불안으로 점철된 삶의 자락이 몸을 더 힘들게 했다. 초조 불안 강박의 감정은 극도로 나를 보호하려는 이기심의 발로다. 나도 남과 다르지 않고 다른 사람의 도움이 없인 한순간도 살 수 없는데 왜 그리 예민해 떨어야 했던가. 앞으로는 부드럽고 먼저 자신을 용서하며 사랑하며 주변의 모든 것들을 아끼고 사랑하고 품어주자.

계획대로 살려는 삶은 이기심에서 발현된 거다. 삶이란 뜻대로 계획대로 살아지지도 그런 게 쉽지 않다. 요행히 계획대로 살았다 하더라도 그건 순전히 운이 그렇게 작용한 신의 장난이다. 신의 계획만이 있다. 인간은 겸허히 받아들이며 이기심을 버리고 작은 나를 가장 낮은 곳으로 둬야 한다.

높은 곳에서 멋지게

높은 곳에서 내려 본다. 알프스 몽블랑에서 샤모니 마을은 한 폭의 작은 그림이다. 손바닥으로 쥘 수 있을 만한 크기다. 정상에서 더 높은 곳을 바라보는 이도 있다. 파란 하늘이 창공과 같다. 평생을 한 조직에서 몸담아 살아온 평범한 우리는 은퇴하는 시점에서 최고를 맛본다. 가장 화려함을 뒤로 하고 처음 출발할 때의 모습으로 돌아간다. 약간의 경제적 안정을 주머니에 쥐었을 뿐 건강도 청춘도 꿈도 지금의 모습은 젊을 때의 모습을 찾기 어렵다. 낯익은 희극 인이 작은 무대에 섰다. 전성기 때의 화려함을 뒤로 하고 예전의 명성에 걸맞지 않은 작은 무대를 여전히 웃음으로 관객을 물들인다. 높은 곳에서 내려오다 추락하는 이들이 많은데 어디에서든지 최선을 다하는 모습이 아름답다. 시간과 공간은 바람도 정의도 모두 묻어버린다. 무상한 세월 앞에서 아무 것도 잡거나 집착할 이유가 없다. 그냥 이 순간을 충분히 느끼고 버텨내며 지나가는 것, 그것이 삶이요 인생이다 싶다. 흐리고 비 내리는 날은 몽블랑의 샤모니 마을의 풍취가 한껏 깊이 스며든다. 주말 휴일이라면 더욱 그렇다.

사람의 안목은 서로 달라 인간이 판단하는 선함은 각양각색이다. 진실이 거짓과 함께 어우러져서 참 거짓을 구분하기 쉽지 않다. 인생에서 젊을 땐 배우고 익히느라 지낸 시간을 이제는 실천하자. 아직도 모르는 거 많지만 배우고 익히기엔 너무 와버렸다. 하나 더 아는 것보다는 하나 더 실천하는 지혜가 필요하다. 세상의 이치도 희미하게 알게 된 지금, 나의 의무는 아는 것을 실행하는 것이다. 무소유나 단순한 생활방식을 알고 실천하기는 쉽지 않다. 실천이 어려운 이유는 그 생활이 주는 가치나 효용을 체험하지 못했기 때문이다. 그동안의 삶의 습관이 크게 늘이고 풍부함에 가치를 두고 버리고 비우는 데는 인색하여 그 즐거움을 오롯이 느낄 기회가 없었기 때문이다.

요 며칠 죽만 먹는다. 예전 같으면 죽 먹고 돌아서서 밥을 찾았을 텐데. 아니 죽 자체를 주문하지 않았을 텐데, 며칠 먹고 알고 느낀 건 소식이 주는 몸의 경쾌함이다. 몸이 가벼우니 마음도 정신도 무거운 짐 하나를 던 느낌이다. 무겁고 힘든 짐을 지고 버티며 견디며 받아들이며 살아가는 우리네 인생길에 굳이 무겁게 더 꾸릴 필요가 있을까 싶다.

원하는 사람이 많고, 하고 싶은 이들이 많으니 양보하고 훌훌 떨고 가볍게 걸어가자. 가벼운 몸이라 스쳐가는 귀한 인연들을 만날 기회는 더 많다. 좋은 이들과 어우러져 따뜻한 커피 한잔 함께 하는 기쁨이야 인생에서 오롯이 느껴 볼만한 가치 있는 즐거움이다. 멋진 사람과 함께 하는 당신이 멋쟁이다.

자기 체면

소망하고 원하는 것을 집착하지 않는 이유는 집착이 그 소망을 멀리하기 때문이다. 힘의 원리는 요상하다. 간절히 구하면 더 쉽게 잡을 수 있을 듯하지만, 오히려 멀리 밀어내는 힘이 있는 것처럼 느껴진다. 여여하게 살아가는 지혜가 필요한 것은 오히려 더 많은 것을 취하고자 하는 인간 심리가 복선에 깔린 경험에서 나오는 것인지도 모른다. 취한다든지 버린다는 생각보다 주어진 일을 몰입하고 즐긴다는 자세로 삶을 걸어가자. 치열하게 열심히 걷다 보면 그 걸음에서 배움과 깨달음의 기쁨이 함께 할 것이다.

사람들은 세월이 잔인하게 빠르다 한다. 돌이켜보면 일장춘몽과 같다. 욕심과 집착은 잡초와 같아서 수시로 뽑아내지 않으면 금방 자란다. 아침에 세수하듯이 매 순간순간 마음의 때를 닦아 일신우일신해야만 한다. 혼자서도 마음 닦기를 쉬지 않아야 한다. 함께 살아도 제대로 된 삶은 혼자 설 수 있어야 한다. 초심을 항상 유념하면서 한 발 한 발 조심스럽게 쉬지 말고 걸어라. 서둘거나 뛰면 쉬이 지쳐 포기하기 쉽다. 꾸준하게 순간순간을 오롯이 느끼며 충분히 즐겨라. 인생길이 특별한 나만의 체험을 그냥 흘려보내지 마시라. 호흡 하나 귀한 인연 한조각도 그냥 보내지 마라. 귀하고 소중한 보배들이 지척에 있는데 멀리서 찾지 마라. 바로 지금 여기에 있잖아. 꿈꾸는 지금이다. 지금이 현실이고 꿈과 같다. 두렵고 주저할만한 가치가 있는 것은 없다. 모두 감사하고 느끼고 충만하고 존중하며 사랑할 가치다. 행복 가득한 순간으로 인생 도시락을 채우자. 돌아봐도 지금도 남은 인생도 꽉 찼다. 텅 빈 공허함은 꽉 찬 느낌과 다르지 않다. 충만한 행복이 공허한 텅 빔이다. 욕심과 집착의 티끌마저도 버려라. 그냥 찬다. 충분하다. 모두 주라.

플라시보 효과는 인간의 마음과 생각이 물질세계에 영향을 미치는 현상을 설명하는데 자주 인용된다. 같은 성질의 약품이라도 가격이 상대적으로 비싼 약품을 복용한 경우 그 약효가 더 빠르다는 것을 경험적으로 증명한 것이다. 플라시보 효과의 극단은 전혀 약효가 없는 약을 복용하고도 약효를 보는 경우다. 인간의 육체와 정신이 분리될 수 없음은 자명한 이치다. 육체가 허약한 사람의 정신이 혼미함은 육체와 정신이 아주 밀접한 관련이 있음을 웅변으로 보여주는 것이다. 건강한 육체에 건전한 정신이라는 문구가 있지 않은가 말이다. 정신세계의 생각이나 마음작용도 뇌의 물질 분비와 밀접한 관련이 있다고 한다. 정신이 육체를 지배하는 것인가 아니면 육체가 정신을 지배하는 것인가의 질문에 답하기란 쉽지 않다. 육체와 정신이 밀접하게 연관되어 상호작용하고 있음에는 분명한 사실이다. 그렇지만 정신과 육체가 서로 따로 상관성이 없을 수도 있다. 근대를 지나 현대사회가 자본주의와 결합하면서 이성보다는 물질이 우선하는 시대사조가 지배하고 있음을 부인하기 어렵다. 물질을 귀하게 다루고 아끼는 자세야말로 자연과 함께 살아가는 우리 인간의 지혜가 아닌가 한다. 자신에게는 엄격하고, 타인에게는 관용하며, 자연을 절약하고, 하늘을 경배하는 멋진 사람이 되자.

판단 정지

관리자가 될수록 직원들의 잘못이 눈에 띄게 많아진다. 계급이 높아질수록 직원들을 동기를 부여하고 싶은 욕심도 작용하기 때문일지도 모른다. 인간은 자연이고, 얼굴이 같은 사람이 없듯이, 성격이나 성향이 다른 것이 오히려 당연하다. 업무를 수행하는 방식이나, 업무를 바라보는 관점이 다를 수밖에 없다. 다른 것에 대해서 관용하고, 다름을 인정하는 태도야말로 관리자가 가져야 할 덕목이 아닌가 싶다. 물론 이러한 관리자의 태도는 조직 구성원들을 너무 조직인이 아닌 자연인으로 응대함으로써 조직 구성원이 조직을 위해 업무를 수행하는데 지장을 초래할 수도 있다.

욕망, 미움, 분노의 마음은 세상은 자기가 중심이라는 착각에서 시작한다. 세상은 자기가 창조하기 나름이라고 하니 삶이 그렇다는 거지 세상 운행 이치를 알고 봐야 한다. 맘대로 원하는 대로 되어야 한다고 생각하고 세상의 목표를 자기가 정하고는 목표에 도달하지 못했다고 짜증내니 사람의 도리가 아니다. 자기의 삶이야 그렇게 창조하더라도 세상은 그대의 삶과 연결되어 있을 뿐 맘대로 할 수 있는 게 아니다.

움직이는 물체는 계속해서 움직이고자 하는 속성이 있다. 정지된 물체는 그 자리에 머물려는 성향이 있다. 습관도 이와 같다. 한 번 형성된 습성은 고착되어 변경하기 쉽지 않다. 생명은 살려는 속성이 있다. 몸도 자기 살아갈 방법을 정확하게 안다. 몸이 진실로 알고 소망하는 그 길이 있다. 몸이 말하는 소리에 귀 기울여 조용히 하라. 몸이 원할 때 그에 맞춰서 정확하게 행하라. 행한다는 의식이 개입되지 않도록 주의하라. 배고프다면 정확하게 살기 위해 음식을 구한다. 식사 시간을 인간이 어설프게 정할 필요가 없다. 물, 공기, 자연, 사는데 꼭 필요한 모든 것들은 살아가기에 적합하게 이미 잘 맞춰져 있다. 듣고 행하라. 귀 기울여 조용히 들어보자. 아우성이 내면 깊은 곳 저 아래의 근원에서 작은 울림으로 다가온다.

체 험

삶을 거부하고 선택할 권한은 없다. 피하고 가지 않은 길은 태어나서 경험하지 못하는 거다. 태어나고 존재하는 이유가 있다면 그건 바로 경험하는 것이다. 천상에서 왔다고 가정하자. 육신을 받아 살아간다는 건 컴퓨터가 소프트웨어를 가지는 것과 같다. 느끼지도 만지지도 않는 그 상태에 머물고자 한다면 육체를 받을 이유가 없다. 육체의 연을 맺었다면 세상에서의 경험을 진지하게 기꺼이 즐겁고 감사한 마음으로 받아야 한다. 불쾌하거나 원하지 않는다고 회피한다면 세상에서 경험할 수 있는 소중한 그 무엇을 놓치게 된다. 귀하게 받은 육신을 제대로 활용하지 못하는 거다. 주변을 곤란하게 만들거나 해를 끼치는 것이 아니라면 당당하고 씩씩하게 받아들이는 용기야말로 생명 받은 고귀함을 깨친 존재가 지녀야할 미덕이다. 순간순간 펼쳐지는 드라마 같은 당신의 인생 영화를 체험하고 즐겨라.

선입관이란 무서운 거다. 하나를 보고 열을 안다는 격언이 진리인지 알 수 없다. 인간은 하나를 보고 열을 판단한다. 그 하나가 무섭다. 처음 사람을 대할 때 더욱더 신중하고 진실해야 한다. 첫인상과 처음 알아갈 때의 그 조심스러움은 아무리 지나쳐도 괜찮다. 만남이 익숙해지고 서로를 조금 안다고 생각하는 단계에서는 이해하고 쉽게 넘어갈 만한 사안이 신뢰가 없는 관계에서는 관계를 밀어내는 요인이 되기도 한다.

가까이 대하고 친한 비결은 언제나 순수하고 깨끗하며 거짓 없이 대하고 그 사람들이 혹여 가지기라도 한 약점을 철저하게 비밀로 지켜 신뢰의 싹을 뿌리고 키우는 거다. 만나고 대할 땐 순결하고 우주의 태초를 대하듯 경외감과 존경심으로 만나도록 해라. 인연은 그리 멀지 않은 곳에서 행운의 꽃을 들고 기다린다.

자연 저작권

햇살 조명에 환한 푸른 나뭇잎이 인간에게 주는 위안은 언어로 표현하기 버겁다. 아름다운 자연이 주는 선물의 가치는 귀하여 측정하기 쉽지 않다. 자연을 두고 조물주가 저작권을 주장하지 않는다. 자연이 주는 선물을 당연한 거라 간주하고 고마워 할 줄을 모른다. 낭비하고 오염시켜 자연을 파괴하는데 아무런 죄책감도 없다. 인간은 인공물에 저작권을 붙여 조금의 손해도 용납하려 들지 않는다.

법무법인으로부터 받은 편지는 기억에 생생하다. 교육 행사에서 사용한 안내장의 글자체가 저작권을 침해했으므로 적정한 보상을 해 달라는 내용이었다. 그 안내장은 외주를 줬던 거라 외주업체에서 글씨체 이용의 정당한 권원을 구매했으므로 더 이상의 불편함은 발생하지 않았다. 얼굴은 초상권의 이름으로 보호되고, 글이나 창작 음원이나 미술작품 등 인간의 창조물들은 저작권의 이름으로 보호되고, 그 권리를 침해하는 경우 보상을 해야 한다. 창작활동을 보호하고 활성화하여 사회전체의 발전을 도모하려는 제도가 가끔은 자유로운 창작활동에 걸림돌이 되기도 한다. 창작활동에 모방과 인용도 약방에 감초역할을 한다. 그럼에도 저작권 보호는 사회의 약속으로 자리 잡았다. 타인에게 불편을 주지 않아야 하듯이 저작권도 보호된다. 인공물을 저작권으로 철저하게 보호하는데, 자연은 왜 저작권을 주장하지 못하는지 안타깝다.

인공물의 편리함은 자연이 주는 완전함에 비할 수 없다. 건물이나 들판의 풀들을 사진에 담는다면 사람 얼굴을 담아 초상권을 침해하듯이 신중해야 한다. 자연에 감사하고 존중하자. 자연스럽다는 의미는 주변과 어울리고 튀지 않으며 흐름과 변화에 맞춰서 잘 지낸다는 뜻이다. 자연은 위대하다. 자연이 보는 인간은 나약하다. 자연 앞에서 인간은 얼마나 작은 존재인가. 인간이 자연을 가지고 장난치고 있다. 잠시도 자연과 단절되어 살 수 없는 인간이다. 자연스러움은 인간이 자연에 동화된 모습이다. 자연스럽게 살자. 자연스럽지 않은 경우는 어떤가. 속 보인다든지 욕심이 지나쳐 본인도 주변도 편하지 않다. 주위와 어울리지도 못한다. 더운 여름에 겨울옷을 입고 다니면 본인이야 아무렇지도 않겠지만 보는 이는 이상하게 생각한다. 실존적 인간이 태생적으로 추위를 너무 많이 타는 경우라면 이해하고 말고의 차원을 넘어서 인정해야 한다. 욕심과 소망이야 없을 수 없겠지만 조금 더 베풀고 낮추고 살자. 훨씬 가볍고 인생이 즐겁다.

내부화(internalization)

가격이 작동하지 못하는 경제 상황은 시장실패다. 정부가 개입하는 근거다. 정부개입 말고 시장기능을 회복시키려는 노력의 하나로 내부화 전략이 있다. 구역설정 방식이다. 흡연 구역을 설정하고 흡연자를 한쪽으로 몰아서 비흡연자와 구분하여 담배 연기 확산을 방지한다. 오염행위를 원천적으로 금지하지 않고 별도로 구역을 설정하고 오염원이 외부로 확산하지 못하게 한다. 내부화 전략은 쉽게 설명하면 자동차 배기가스를 운전석으로 배출하도록 설계하는 것이다. 자동차 배출가스의 위해를 운전자가 오롯이 느끼도록 함으로써 환경오염 행위를 줄인다. 오염행위자에게 비용을 부담시켜 오염원을 줄이므로 가격기능을 포기하지 않는다. 이기적인 인간은 자신에게 직접 영향을 주는 정책이나 정보에 민감하게 반응한다. 공공선에 관한 논쟁이 개인의 행위 유발에 영향을 미치기 위해서는 그 논쟁이 개인 삶의 질에 직결됨을 보여줘야 효과를 본다.

호텔링

시장이냐 정부냐. 가격과 계획의 논쟁이기도 하다. 이 역시 다양한 스펙트럼과 혼합으로 현실을 흥미롭게 만든다. 가구시장. 맛 집 골목. 정보이론은 유사업종이 한 장소에 밀집하는 현상을 설명한다. 정보 검색비용을 낮춰 소비자의 합리적 선택의 결과란다. 유사업종이 붙어 있으면 경쟁으로 개별 사업장의 이익이 감소할거라는 통념을 깬다. 정보통신과 SNS발달은 기존의 정보이론의 적합성을 깰지도 모른다. 품질이 뛰어나다면 소비자들이 홍보해줘서 유명세를 탈 수도 있다. 보수, 진보의 논쟁도 뜨겁다. 시대 가치에 맞춰 내면화해야 살아남을 거다. 변화를 읽고 적응하고 발맞추지 못하면 꼰대소리 들으며 소외되기 쉽다. 역설적이게도 변하고 통해야 오래간다는 논어의 교훈은 이 시대에도 울림을 준다. 변하지 않고 고집하는 게 오래가는 거라는 통념이 여기서도 깨지는 거다. 앞서 소개한 정보이론과 논어의 지적은 통찰력이 요구된다. 살기 위해서는 변해야하고 오랫동안 남아 살려면 끊임없이 변화를 일상으로 삼아야 한다. 변화와 유지됨의 개념 성찰에 유의하자.

공존의 비밀

노하우를 공개하는 행위는 합리적 의사결정의 결과다. 정보주체가 정보를 공개함으로써 얻게 되는 이익과 손실을 비교 형량해 보고 선택한 개인의 합리적인 경제행위로 볼 수 있다. 영업비밀이라고 해서 정보를 감추고 독점하기도 한다. 특허권을 인정하고 정보에 독점적 가치를 부여하는 정책도 정보 가치를 높이기 위한 일환으로 이해된다. 그럼에도 정보통신기술의 발달은 정보의 확산과 교류를 평범한 일상으로 전환시켰다. 가진 정보를 공개하고 나누는 행위가 지혜로운 이유는 다음과 같다. 한 공동체에 나만 알고 있는 정보가 있다고 가정하자. 예를 들어, 혼자서 최첨단 폰을 가지고 있다 한들, 연결되어야 전화기의 사용가치가 증가할 터인데, 상대방이 가지고 있지 않다면 무용지물이다. 내가 가진 정보가 다른 사람의 사용에 이익이 되어 사용자가 증가하고, 그에 따라 나의 정보 주체로서의 인지도와 가치가 높아진다고 한다면 정보를 공개하는 행위가 훨씬 효용을 높여준다. 타인이 필요로 하는 것을 채워줄 때 감사와 사랑이 자란다. 정보를 창조하고 개척하는 사람이라면 기존에 보유한 정보는 혼자 소유하지 말고 사회와 공동체를 위해 공유하는 것이 좋다. 연결된 세상에서 자급자족하던 구석기시대의 생활 패턴이 더는 적합한 선택이 아닌 것처럼, 전문화되고 분업화된 사회를 살아가는 우리는 정보를 주고받는 행위가 연결된 타인이 함께 성장하는 모티브가 된다. 유튜브와 블로그의 각종 지식과 경험 나눔이 정보의 확산을 통해 정보의 효용을 높여주고, 정보주체의 신뢰와 영향력의 크기를 키워주며, 정보 이용자의 삶을 유익하게 도와준다. 재미난 사실은 정보를 나눌수록 정보제공자는 더 명확하게 정보의 가치를 인식하는 경향이 있다. 반면 정보를 절실하게 구하지 않는 정보 수용자는 그 정보의 가치를 간과하기 쉽다는 점이다. 정보를 나누는 행위 주체에게 정보의 가치는 더 명확하고 깊이 있게 각인하는 효과가 있다. 알고 있는 사실을 이야기할 때 부족하게 알고 있었던 부분을 명확하게 인식하고 결함을 보충하기 위한 정보탐색을 하게 된다. 이야기보따리를 풀면 풀수록 이야깃거리가 더 많아진다. 마치 우물물을 퍼낼수록 우물물이 마르지 않는 이치와 같다. 아낀다고 우물물을 사용하지 않으면 그 우물은 더 이상 샘물이 되지 못한다. 기계도 사용하지 않으면 기능하지 못하는 것과 다름없다. 너무 과하거나 부족함이 없이 적정하게 사용해야 지속가능하다. 정보도 마르지 않는 샘물처럼 적정하게 퍼서 목마른 사람의 갈증을 풀어주는 약이 되도록 정보주체의 지혜가 필요하다.

아버지와 아들

고대 그리스 신화를 보면 아들신이 아버지 신을 부정하고 자신의 세계를 만들어 간다. 기성세대의 경험과 지식을 전승하면서도 새 세상을 펼쳐가는 데는 새로운 창의성으로 도배해야 하는 인간 세상과도 같다.

가이아신과 우라노스 신이 사랑해서 나은 막내아들이 우라노스를 낫으로 해하는 장면은 많은 시사를 준다. 어쩌면 자연의 섭리이기도 하다. 새순이 돋기 위해서는 가을 낙엽이 꼭 필요하듯이 죽음과 새 탄생은 동전의 앞뒤와 같다. 우라노스는 죽음 앞에서도 행복했을 거다. 다름 아닌 사랑하는 자식의 손에 운명을 마주했으니 잔인한 인간의 숙명의 한 페이지면서도 받아들이는 힘의 숭고함을 각인한다.

죽음이 끝이 아니라 세대 전승이요 새 생명의 근원임을 시사한다. 바다에 떨어진 우라노스의 피는 멋진 비너스 탄생의 근원이 된다. 아름다움은 고통의 피를 자양분으로 태어난다. 신들의 이야기는 사람의 이야기라 인간 인식의 반영이다. 악마적이고 인간의 산술로는 이해할 수 없고 차원을 달리하는 사건들을 대하는 인간 지혜의 묘사다. 신화를 다시 읽고 묵상하는 이유다. 신들의 이야기는 동심을 자극한다. 상상력과 이야기들의 향연이다. 즐거움과 함께 이름도 많아서 지치는 순간도 있다. 모든 일에는 마(魔)가 있기 마련이다. 극복하면 단물을 맛보는 거고 포기하면 인내도 열매도 거기서 멈춘다. 경험 하나 더 한 거지. 신화의 내용에서 교육을 배운다.

선배들의 옛 이야기를 듣기 즐겨 가끔 후배들에게 과거 선배들의 모습을 보이곤 했다. 어느 순간 그 모습이 꼰대라 눈치 챘다. 그러지 않으려 다짐하고 가능하면 근신하고 자신을 성찰하는데 집중하려 노력한다. 타인도 자신과 같을 거라 예단하는 경향이 있다. 즐겨 듣던 옛 이야기들은 큰 도움이 됐다. 먼저 호기심을 자극하기도 했고 반면교사로 삼기에 좋은 내용도 있었다. 인간에 대한 관심과 경험하지 못했던 과거의 상황이 신화적 상상력으로 다가왔다. 과거의 전통은 현재 나의 옷과 같다. 지금의 제도와 관습은 선배들이 물려준 거다.

과거를 현재 삶의 무대로 가질 수는 없다. 신의 아들이 자신을 창조해준 신을 극복하면서 자신의 세계를 창조하듯이 전통을 이어 받되 그 전통의 그릇과 옷을 나의 세계관으로 변형하는 게 삶이다. 변화에는 고통과 피가 따른다. 살아 있는 생명이 살아가기 위해서는 끝없는 자기 변화와 환경 개조의 고난이 따른다.

자신의 아버지를 부정하면서 새 질서를 만드는 고통을 피할 수 없다면, 어쩌면 살아있음은 엄청나게 힘겹고 큰 인내를 밑거름으로 피는 한 송이 봄꽃과 같다. 선현의 말씀을 귀하게 들어 받아들이고 바뀐 무대에서 그대의 대사로 연극할 수 있어야 한다. 필요하면 무대마저도 그대가 설정해야 한다.

무상에서 찾은 찰나와 패러다임

구름이 쉬는 멈춰진 시간 속에 순간이 있다. 찰나가 주는 의미를 생각한다. 인생이 무상하고 제행무상이니 세상사에서 변화하지 않는 것은 없다. 변화한다는 것이야말로 진리의 첫 번째로 인정해야 할 명제다. 변화하지 않고 잠시 머문다는 의미는 무엇인가. 변하기에 잠시 머물러서 변하지 않는 그 짧은 순간, 아니면 이미 변하고 있겠지만, 우리의 관념이 잠시라고 멈추고 싶은, 자연을 거슬러 상상하려는 욕심이다. 상상할 수 있는 능력을 갖고 가지 않은 길, 운명을 거스르는 상상과 그 짜릿함을 느끼고 싶은지도 모를 일이다. 거대한 자연에 따를 수밖에 없기에 상상의 순간만이라도 잡고 머물게 함으로써 가지 못하는 길에 대한 향수와 희망을 잠시나마 경험하고 싶은 것이리라. 나약한 존재인 인간이 서로 돕고 사랑하면서 살아가야 하는 이유다. 그래 잠시 하던 일을 멈추고, 시간이 흘러가지 못하게 잡아보자. 마치 바다로 향하는 강물을 잠시 둑을 막아 잡아 두는 것처럼, 강둑에 고인 물도 언젠가는 바다로 향하겠지만 말이다.

일체유심조라서 마음먹기 달렸다. 마음먹는 대로 세상이 펼쳐진다. 변하는 건 자연스러움이다. 시시때때로 변화하는 것뿐이다. 그렇다면 변화는 그냥 쉽게 형상이 바뀌는 건가. 가만히 있어도 변하는 것인가. 반대로 사람의 인성은 변하지 않는다고 한다. 사람은 바꿔 쓰는 게 아니라는 말이 통용된다. 그만큼 사람의 성정은 타고난 거고 본성에 기인한 습관은 좀처럼 바꾸기 쉽지 않다는 의미다. 선배는 퇴직 후의 6개월의 절박함이 있었다고 한다. 절박한 환경에서 그 마음이 일어나면 사람은 변화의 몸부림을 치고 그로 인해 성장의 결실을 맺을 수 있다. 절박한 환경에 처한 사람이 모두 성공적인 모습으로 변화하는 건 아니다. 멋진 모습으로 변신하기 위해서는 현실을 직시하고 받아들여 극복하려는 의지와 노력이 필요하다. 고난의 현실을 벗어나기 위해서는 자신이 가진 기존의 습관과 성향과 태도들을 근본에서부터 변화해야 할지도 모른다. 알에서 깨어나는 새처럼 껍질을 벗기기 위한 몸부림으로 질적으로 변화된 자신을 발견해야 한다. 변화한다는 건 자신의 고집을 버리는 거다. 자신을 성찰하고 고난에서 배워 자신을 성장시켜 마음과 지각능력까지도 새롭게 형성해야 한다. 고난과 소통하는 아픔도 견뎌내야 한다. 힘들 땐 주변과의 단절로 현재를 고집하는 욕구가 샘솟는다. 그 욕구마저도 버려야 한다. 마치 쇄국정책으로 당장에는 옛것을 고집하며 변화하지 않는 삶이 자신을 지키고 사는데 유용할거라 믿겠지만, 세상은 개방되고 열려 소통하는 시스템이 결국에는 환경과 어울려 생존하게 되는 이치다. 남미의 인디언들이 멸종하게 된 이유도 이민족인 유럽인들의 몸에 붙어온 균들의 공격을 이겨내지 못한 때문이라고 한다. 가축과 함께 생활하면서 자연스레 전염병의 면역시스템을 적응해왔던 유럽인들에 비해 병균에 노출되지 않았던 인디언들은 무방비로 당할 수밖에 없었다. 변하고 성장하기 위해서는 배움과 깨우침을 게을리 하면 안 된다.

토마스 쿤의 패러다임 개념이 관심 받던 시절이 있었다. 과학의 창(窓)의 변화다. 기존의 창문으로 볼 수 없거나 설명하기 어려운

현상을 새로운 관계맺음으로 설명한다. 세상은 그대로인데 인간의 인식이 변하여 현상이 아니라 인식을 설명하는 틀이 변하는 것인가도 싶다. 푸른색 안경을 쓰고 온 세상을 푸르게 보고 싶다. 아니 보라색 세상을 느끼고 싶은가. 형형색색의 창들 중에 오늘은 어제와 다른 모양을 느끼고 싶은 건지 일관된 색채와 모양을 선호하는 건지. 선택하는 나도 궁금해서 호기심이 생긴다. 삶에 있어 다양한 경험도 좋고 그 경험을 관통하는 큰 하나도 좋다. 세상에 삶을 이야기할 때 어떤 창으로 증언할지 궁금하다.

지금 순간을 즐기자. 자연이 준 고마운 선물이다. 주변을 둘러보라. 모두 감사다. 기적이다. 사랑이다. 흐름의 미학을 잊고 사는 현대인들에게 코로나19는 역설적이게도 우리 삶을 변화시키는 요인이다. 바이러스와 싸우면서, 피하면서, 주의하면서, 공동체에서 개인의 역할을 다시 살펴본다. 성찰한다. 나로 인해 타인이 피해 받지 않도록 주의한다. 세상을 바라보는 창 아니 인식하는 나의 창이 더 낮은 곳에서, 낮추고 자연을 존중한다. 변화를 진실로 받아들일 때다. 신이 쏜 운명의 화살을 피하지 말고 숙명을 흔쾌히 받아 운명을 넘어서자. 함께 성장한다. 하루도 기적이다. 파이팅 하자.

외유내강

옛 성현들의 말씀이 진리다 싶다. 시대와 상황을 관통하는 지침이라 시간과 공간이 달라도 여전히 설명력을 가진다. 크게 쓰일 그릇은 시간과 노력이 더 많이 든다. 실존적으로 이해하기가 쉽지 않은 인간은 공감을 무기로 알아 그 처지에 빠져보는 것이 가장 좋은 비법이다. 특히나 그 처함이 가장 나락으로 떨어진 상태라면 그 사람이 처한 입장에 서지 않고서는 머리와 감정으로 이해와 공감하기 쉽지 않다. 진실로 어려운 이에게 버팀목이 되어 쉼과 기회를 주려면 사람은 그 고난을 능히 버텨 견디고 이겨내어 느끼고 체험의 교훈을 또렷하게 마음에 새겨둬야 한다. 상처받지 않은 내가 누군가의 이웃이 되는 과정이다. 크게 쓰임 받기에 지금의 고난은 몸과 마음에 이로운 쓴 약이 될 수 있도록 버티고 인내해야 한다. 참을 땐 외유내강의 삶을 지킨다. 어렵고 힘든 것들은 부드러운 자세로 유연하게 반응하면서 안으로는 단단한 다이아몬드 같은 결심이 자리 잡아야 한다. 대나무가 바람에 순응하면서도 마디마디 단단함을 키워 부러지지 않고 살아가는 이치다. 부드러움과 유연성은 강인함을 먹고 자란다.

더하기

짧은 글
(aphorism)

밝게 사는 법

착한 사람과 사귀어라. 착한 친구를 하늘은 먼저 데려가 당신은 친구를 통해 인생을 먼저 체험하는 축복을 누리게 될 것이다. 젊게 살아라. 착하게 살아라. 그게 당신 영혼을 맑게 정화시켜 기쁨으로 충만한 삶을 살게 될 것이다. 인생에서 정답은 없다. 당신이 풀이와 해답지다. 이왕 산다면 당신이 기쁜 것을 취하라. 젊음, 건강, 선함, 빛, 삶이 반대어를 누른다. 그렇게 살아라. 사는 동안은 어둠 근처에 얼씬거리지 않도록 해라. 때가 되면 그 어둠마저도 받아들이기로 하자.

측은

측은지심은 인간 본성이다. 어렵고 힘든 처지에서도 굴하지 않고 살아가는 모습을 바라보며 존경과 감사를 넘나든다. 불우한 사람을 보면 측은지심이 발하는 건 인지상정이다. 문득 이 마음은 잘못된 공감 능력에서 발한다고 스친다. 그 사람의 입장을 내가 잘못 이해하는 건 아닌지 나를 고쳐보게 된다. 길에서 하늘을 이불삼아 살아가는 이를 보며 사는 것이 아니라고 잘못 생각하기 쉽다. 단칸방에서 혼자 쓸쓸히 살아가는 이에게는 불쌍하다는 마음을 가지기 쉽다. 그런데 이 마음이 잘못된 착각일 수도 있다는 깨침이다. 생각하듯이 외롭고 힘든 것이 아니라 그 인생길을 묵묵히 걸어가고 있는 거다. 어느 누구의 인생이든지 그 자체로 꽉 찬 것이며 완전하다. 완전한 인생을 살아가는 이에게 측은지심보다는 응원과 박수를 보내자. 사람의 일생을 점수 매길 수는 없다. 100점짜리 만점이기 때문이다. 우리 모두는 자연의 풀 한 포기처럼 완전하다.

사랑 메시지

문자로 안부를 전달하는 일상이다. 점심을 먹지 않겠다는 문자 전송에 답장도 각양각색이다. 마음을 움직여 답장을 쓰게 하는 문장은 걱정이 가득하다. 속이 불편한지를 물어 염려의 마음이 묻어 있다. 안심시키려 답장하는 마음이 미소를 머금게 한다. 염려를 포장한 짧은 사랑의 글은 사람에게 온기를 불어 준다. 작은 정성으로 받은 감동은 단단한 주춧돌이 되어 신뢰의 집을 짓는다. 온기와 향기 머금은 응대로 온기를 전해 보자.

사람이 변할 때

추운 날엔 물은 얼음으로 변한다. 뜨거운 열기에는 수증기가 된다. 물은 단단한 바위를 뚫기도 한다. 환경 변화에 적응하는 힘을 가진 물은 강인하게 보인다. 물처럼 맑은 사람. 사람은 사랑으로 성장하고 변화한다. 가정의 부모님으로부터 받는 사랑은 생명이요 공기와 같다. 학창시절 은사님의 따뜻한 충고와 격려는 인생 좌표를 꿈꾸고 자동차의 휘발유와 같다. 성년이 되어 사랑하는 인연과의 만남은 자신의 껍질을 벗고 새 사람으로 사회인이 되는 과정이다. 사무실 창가에 붙은 매미의 허물을 보면 어디에 있는지 모를 속보다 눈에 보이는 껍질이 더 정겹기도 하다. 관심과 사랑 받음과 그 고마움을 마음에 새기며 보답하는 인생을 걸어가는 우리는 아름답다. 봄날이 꽃보다 사랑이 아련한 이유다.

껍질벗기

인생체험은 태어나고 늙어지고 떠나는 인생길의 나그네다. 순간순간 시시때때로 느끼고 경험한다. 그 중 몇 가지 사건만을 기억한다. 생각의 흔적이 깊어 집착할수록 그 순간의 체험은 상념으로 대체된다. 체험이 있어도 인지하지 못하고 망상의 노예가 된다. 과거와 미래를 놓아주자. 현재도 오롯이 지금 순간만 인간의 육감을 작동해보자. 기억의 조각들이 파편이 된다. 생로병사의 굴곡진 인생 여정이 한결같을 수야 없지 않겠나. 길은 굽고 땅은 거칠다. 습하고 알 수 없는 미지의 세계다. 청춘이 다르고 노년이 같지 않다. 너와 나도 동일할 순 없다. 형형색색의 다름을 뽐내 봐도 자연의 한 모습이니 모두 같다.

지팡이가 되자

누군가의 필요에 작은 응답이 가능하다면 그건 공감이고 성장이다. 연결되어 있는 우리 모두는 서로 필요하고 필요한 존재다. 집착하지 않고 여여한 마음으로 지팡이가 되기도 하고 지게를 바치는 지렛대가 된다. 되어 준다가 아니라 그냥 되면 된다. 거침없이 걸어가는 나그네가 멋지지 않은가. 홀로 만족하니 모두가 아름답고 행복하다. 부족함이 없다.

이 해

안다(know)는 것은 사람이 지(의식)와 정(감정)의 작용으로 연구대상을 깨닫고 느낀다는 의미다. 이해한다(understand)는 대상이 되는 사물의 구조와 기능의 원리를 알아 받아들인다는 뜻이다. 사람을 이해한다는 의미는 사람의 감정과 생각 그리고 의지를 그 사람의 입장에 서서 바라보는 가상체험으로 상대방과 그 입장을 수용하는 것이다. 공감 능력은 인간을 이해하고 받아들이는데 도움이 된다. 공감과 이해는 그 사람보다 낮은 곳에서 겸손한 자세로 바라봐야 한다(understand=아래(under)+서다(stand)).

현대사회는 소통을 강조한다. 디지털로 연결된 사회에서 서로 통하는 것은 인체의 혈액 순환과 같아 사회시스템의 생존에 필수적 요소다.

운 좋은 사람

운이 억세게 좋다. 신이 도와주신다는 믿음을 가지기에 충분하다. 술에 약한 체질이라 회식을 주도하지 못하는데 사회적으로 거리 두기 운동이 한창이라 모임 자체를 금지하는 분위기다. 술 못하는 부족함이 이제 단점이 아니다. 나이 들어 몸 관리를 위해 검진을 받는다. 능력 있고 마음 따뜻한 분들과 함께 일하니 믿고 의지하며 검진을 받으며 일해도 불편함이 없다. 전문가가 자상하게 검진과 처방을 하니 이겨 두렵지 않다. 좋은 운은 나쁜 운과 함께 온다. 인간은 좋은 운만을 곶감 빼듯 원하지만 세상은 그렇게 호락하지 않다. 깨우친 하나의 방법이 있다. 나쁜 운을 줄이려면 자신을 최대한 낮춰 제일 아래에 놓아 가장 겸손하게 몸과 마음을 둔다.

나그네

고난의 길을 걷는 나그네가 있다. 힘든 여정을 함께 할 희망의 등불이 있어 버티고 나아간다. 그냥 그 자리에 있어도 된다. 시간이란 훌륭한 마법사가 모든 것들을 존재하는 그 모습으로 완성할 것이다. 당신은 그냥 걷고 힘들면 멈춰 잠시 쉬어라. 돌아보면 후회라는 그림자가 덮어 올가미에 걸린 신세가 될 수도 있다. 환자에게 진통제는 잠시 지나가는 그 순간의 아픔을 이겨내는 지팡이다. 영혼의 혼란을 견뎌낸 육신은 지난 시절의 추억 글로 고난이 주는 짧은 아픔을 견디는 방파제다.

음 계

도(Dominus), 레(Resonance), 미(Miracle), 파(Famille), 솔(Solution), 라(Labii), 시(Sanctus), 도(Dominus) 음계 글자들의 의미로 보면 음악은 거룩한 신의 음성과 기적 및 가족을 표현하는 것이다. 단순해 보이는 음계들의 조화로 만들어지는 화음들은 연결하고 나누면 무한한 가능성과 다양성을 창조한다. 감정과 생각 및 의지가 혼합되면 알 수 없는 기적을 잉태한다. 흥미진진한 이야기가 무궁무진한 까닭이다.

바 보

지능이 낮아서 판단력이 흐린 사람을 비하해서 바보라 부른다. 바보라니 뜻과 달리 정감 가는 단어다. 왠지 바라만 봐도 좋은 사람이라면 바보라 속삭이고 싶다. 바보처럼 살아 타인을 배려하는 길을 걸어도 좋다. 부족하면 채우려 하니 바보는 사랑받기에 안성맞춤이다. 모자라 텅 비어 삶이 가볍다. 지켜 가두어 두지 않아 평화롭다. 그의 미소는 상대의 경쟁심마저도 풀어 잊게 하니 평화도 전염된다. 바보는 행복 전도사다.

공 직

국가발전과 공동체 문제 해결에 관심을 가진 사람에게 적합한 직업은 공직이다. 계획을 만들어 발전정책을 주도하던 시기에는 공직에서 보람을 찾아 지원한 사람도 많았다. 시장의 역할이 커지면서 공공부문의 역할은 조정 기능으로 쏠린다. 공공의 영역에도 시장 메커니즘이 작동한다. 공직도 시장에 물들어 가격과 합리성이 사명감을 앞선다. 공직을 무심코 회사라고 내뱉는 공직 희망자들의 입에서 봉급생활자의 냄새가 물씬 풍긴다. 변하는 세상이라도 변하지 않고 지켜 금과옥조로 삼고 싶은 화두가 있어 안타깝다.

TV 세상

바보상자란 비난을 한 몸에 받은 적도 있다. 라디오가 뿜어내는 언어들이 상상력을 자극하고 키우는데, TV는 생각하고 판단하는 기능을 정지시킨다니 억울하다. 현대를 사는데 필요한 생활 정보를 연결하고 접속하는 데 이만한 도구도 없다. 말초신경을 자극하는 내용으로 가득한 상자라 변명해도 곧잘 수긍하기 어렵다. 먹는 방송은 왜 이렇게 많은지 모른다. 의·식·주 기본 욕구를 벗어나기 어렵다. 경제성이 없는 방송은 생존하기 어려워 편집과 내용이 시청자들의 선호에 맞춰지는 건 당연지사다. 저명한 인사의 삶의 철학이나 인문학의 소양을 키우려면 따로 접속한다. 억지로 만들어지는 세상은 없다. 의식에 꼭 맞는 세상을 가져 사는 세상 이치다.

분홍 립스틱도 필요합니다

캐쥬얼한 복장이 편하다. 젊을 때는 편한 자유 복장도 소화한다. 청춘이 받쳐주기 때문이다. 나이가 들어 노년이 되면 육체도 늙어 추해지기 쉽다. 물건이 오래되면 신선도가 낮아지듯 인간의 육체도 세월이 흐를수록 노화 현상을 피할 수 없다. 젊을 때의 자유로운 복장으로 노년을 커버하기란 쉽지 않다. 필요하면 화장도 하고 향수도 조금 뿌려줄 일이다. 멋 내고 뽐내기 위함이 아니라 노년의 사람을 만나는 이웃에 대한 작은 배려다. 옷도 단정하게 입고, 가능하면 구두와 넥타이도 챙겨서 신고 입어야 한다. 이웃과 함께 살아가는 지혜다.

인간의 실존적 한계

좋은 뜻으로 베푼다 해도 상대방은 그 진심을 알지 못하고 오히려 불편할 수도 있다. 상대방의 감정이나 처한 상태는 주는 사람의 처지와 다르기 때문이다. 진심을 알아주지 못한다며 서운하거나 상처받으면 안 된다. 그럴 필요도 없다. 실존적 한계에 놓인 인간의 모습을 항시 명심해야 한다. 사람은 누구나 가지는 인간으로서의 공통점을 가지고 있다한들 형상이 다양한 만큼 같지 않다. 다양성에서 공통점을 발견해 보자. 딜레마요 말장난이다.

저자 소개

부산에서 태어났다. 고려대학교에서 행정학을 전공(지도: 안문석 교수)하고, 밴드빌트대학교에서 경제학을 배웠다. 현재는 교육부 소관 업무를 담당하고 있다. 저서로는 '재정톡'이 있다.

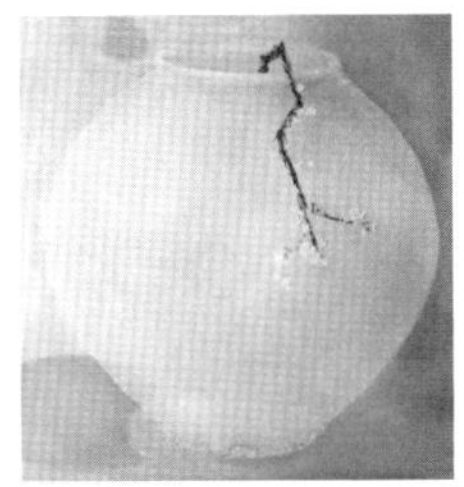

그대로 삽시다

인 쇄 | 2021년 1월 20일

발 행 | 2021년 1월 27일

지은이 | 이 승 재

펴낸이 | 황 영 성

지은이 | 법 우 사

주 소 | 서울시 관악구 봉천로 485 우진빌딩 4층

전 화 | (02) 876-2261

팩 스 | (02) 875-2263

e-mail | hys8009@hanmail.net

등 록 | 2001년 4월 30일, 제301-10-1747호

ISBN 978-89-97060-65-8 03810

정가 15,000원